青少年科普故事系列

趣味军事科学故事

周爱农 主编

西北工業大學出版社

图书在版编目(CIP)数据

趣味军事科学故事/周爱农主编．—西安：西北工业大学出版社，2013.3(2015.5重印)
(青少年科普故事系列)
ISBN 978-7-5612-3646-8

Ⅰ.①趣… Ⅱ.①周… Ⅲ.①军事—青年读物 ②军事—少年读物 Ⅳ.①E-49

中国版本图书馆CIP数据核字(2013)第062141号

青少年科普故事系列·趣味军事科学故事　　周爱农　主编

出版发行：西北工业大学出版社
通信地址：西安市友谊西路127号　　邮编：710072
电　　话：(029)88493844　88491757
网　　址：www.nwpup.com
印　　刷：陕西宝石兰印务有限责任公司
开　　本：710mm×1 000mm　1/16
印　　张：10
字　　数：146千字
版　　次：2013年10月第1版　　2015年5月第2次印刷
定　　价：20.00元

前　　言

在人类将近五千年的历史上，发生的大大小小战争不下 14 000 次，如果把文明史压缩为 1 天，那么，在这 24 小时内，人类有 23 小时是在相互拼杀、争斗与角逐。战争是政治、经济、军事等力量和人们智慧、能力等各方面的竞争和较量。

军事中涌现出许多大智大勇、金戈铁马的的英雄豪杰，他们的爱国热忱、英雄气概和智慧才能，堪称后世的楷模。本书用优美的文笔为青少年朋友塑造了许多有血有肉、可歌可泣的英雄形象，他们在战争中表现出的聪明才智和顽强毅力，能使广大青少年朋友开阔视野，学到知识，激发勇气，增长才干。他们那种不畏艰险、一往无前的精神，更能给广大青少年朋友增添拼搏的勇气和人格的力量。

历史上的每场战争各不相同，或以少胜多，或以弱敌强，或以谋制胜，或以正驱邪，或以强凌弱，斗智斗勇，妙趣横生。浏览一下这些军事战争故事，可以开阔眼界，启迪思维，了解社会历史发展的某些重要过程。

过去的战争是已经发生的事实，我们可以从中吸取教训、总结经验。那么，未来的战争是什么样的，它会用哪些高科技的手段，有哪些特点……让我们浮想联翩。根据过去的战争历史和现在的战争特点，我们可以设想未来战争的样子。在“战争猜想”一篇里，我们将以权威的评论、准确的观点为您解答这些谜团。

编　者

2013 年 1 月

目　　录

著名战争故事

古代篇

著名军事家的故事

战争猜想

著名战争故事

古　代　篇

牧野之战：一场以少胜多、以弱胜强、先发制人的战争

唐太宗曾经说过：水能载舟，也能覆舟，这句话成为历代统治者的警语。商周之间的牧野之战正说明了这个道理。

商汤所建立的商王朝，历经初兴、中衰、复振、全盛、衰弱诸阶段后，到了商纣王时期，已步入了全面危机。在纣王的统治下，殷商王朝政治腐败、刑罚酷虐，连年对外用兵，民众负担沉重，痛苦不堪；贵族内部矛盾重重，分崩离析，从而导致了非常混乱的局面。与日薄西山、

奄奄一息的商王朝形成鲜明对比的是，商的西方属国——周——的国势正如日中天、蒸蒸日上。公刘、古公亶父、王季等人的积极经营，使周迅速强盛起来。文王姬昌即位后，任用熟悉商朝内部情况的贤士吕尚，积极从事伐纣灭商的宏伟大业。但是，在表面上文王却恭顺事商，以麻痹纣王。他曾率诸侯朝见纣王，向其显示所谓的“忠诚”，同时大兴土木，建设宫殿，装出一副贪图享乐的样子，欺骗纣王，诱使其放松警惕。

在各方面准备工作基本就绪之后，文王在吕尚的辅佐下，制定了正确的伐纣军事战略方针。其第一个步骤，就是铲除商朝的羽翼，对商都朝歌形成战略包围态势。文王在完成翦商大业前夕逝世，其子姬发继位，是为周武王。他即位后，继承乃父遗志，遵循既定的战略方针，并加紧予以落实：在孟津（今河南孟津东北）与诸侯结盟，向朝歌派遣间谍，准备伺机兴师伐纣。

当时，商纣王已感觉到周人对自己构成的严重威胁，决定对周用兵，然而这一拟定中的军事行动，却因东夷族的反叛而化为泡影。为平息东夷的反叛，纣王调动部队倾全力进攻东夷，结果造成西线兵力的极大空虚。与此同时，商朝统治集团内部的矛盾呈现白炽化，商纣王不听劝谏，掩饰错误、肆意胡为，残杀王族重臣比干，囚禁箕子，逼走微子。武王、吕尚等人遂把握这一有利战机，决定乘虚而入，大举伐纣。

周武王统率兵车三百乘，虎贲三千人，甲士四万五千人，浩浩荡荡东进伐商。武王利用商地人心归周的有利形势，率本部及协同自己作战的其他诸侯国、部落军队，于正月二十八日由孟津冒雨迅速东进。从汜地（今河南荥阳汜水镇）渡过黄河后，兼程北上，至百泉（今河南辉县西北）折而东行，直指朝歌。周师沿途没有遇到商军的抵抗，故开进顺利，仅经过六天的行程，便于二月初四拂晓抵达牧野。

周军进攻的消息传至朝歌，商朝廷上下一片惊恐，商纣王无奈之中只好仓促部署防御。但此时商军主力还远在东南地区，无法立即调回，于是只好临时武装大批奴隶，连同守卫国都的商军共约十七万人，由自己率领，开赴牧野迎战周师。

二月初五凌晨，周军布阵完毕，庄严誓师，史称“牧誓”。周武王在阵前声讨纣王听信宠姬谗言、暴虐地残害百姓等诸多罪行，从而激发起从征将士的信心与斗志。接着，又宣布了作战中的行动要求和军事纪律：每前进六七步，就要停止取齐，以保持队形；每击刺四五次或六七次，也要停止取齐，以稳住阵脚。严令不准杀害降者，以瓦解商军。誓师后，武王下令向商军发起总攻击。他先让吕尚率领一部分精锐突击部队向商军挑战，以牵制迷惑敌人，并打乱其阵脚。商军中的奴隶和战俘心向武王，这时便纷纷起义，掉转戈矛，帮助周军作战。纣王见大势尽去，于当天晚上仓皇逃回朝歌，登上鹿台自焚而死。周军乘胜进击，攻占朝歌，灭亡商朝。之后，周武王分兵四出，征伐商朝各地诸侯，肃清殷商残余势力。

周军取得牧野之战的彻底胜利绝非偶然。首先是周文王、周武王长期运用正确策略争取人心的积极效果，商军中那些临时仓促征发的奴隶阵前起义就说明了这一点；其次，是做到了正确选择决战的时机，即乘商师主力远征东夷未还，商王朝内部分崩离析之时，果断地统率诸侯联军实施战略奔袭，从而使敌人在战略、战术上均陷于劣势和被动，未能作有效的抵抗；第三，决战的作战指挥上，善于做到奇正并用，予敌以巧妙而猛烈的打击。商纣王之所以迅速败亡，根本的原因自然是因为殷商统治集团政治腐朽，横征暴敛，严刑酷法，导致民心丧尽，众叛亲离；其次是对东方进行长期的掠夺战争，削弱了力量，且造成军事部署的失衡；第三是殷商统治者对周人的战略意图缺乏警惕，放松戒备，自食恶果；第四是作战指挥上消极被动，无所作为。这是后人应从这场战争中吸取的教训。

牧野之战是我国古代车战初期的著名战例，它确立了周王朝对中原地区的统治秩序，为西周奴隶制礼乐文明的全面兴盛开辟了道路，对后世历史的发展产生了深远的影响。

点评

王朝的更迭不外有两个原因，一是外国侵略，二是国内政变。而国内政变又不外乎禅让和暴力推翻二类。然而，这些都属外因，真正的原因还是文章开头那句“水能载舟，也能覆舟”，人民永远是最伟大的力量。

𦈡葛之战：春秋争霸略见端倪

西周末年，周王室的实力大减，周天子虽然名义上仍保留着天下共主的地位，但势力已一落千丈，根本号令不了其他诸侯。在这种形势下，一些诸侯就乘机脱颖而出，开始挑战周天子的独尊地位。其中地处中原腹地的郑国，在这场斗争中首先崛起，成为当时诸侯中最具实力和威望的一国。随着政治、军事实力的增长，郑庄公对周王室的态度也越来越变得倨傲不羁，不再把王命放在眼里。这样一来，周郑之间的矛盾就变得尖锐起来，𦈡葛之战正是这种矛盾的产物。

早在周平王在位时，周郑之间就互不信任，发生了“周郑交质”事件，即周平王的儿子作为人质留在郑国，郑国的公子忽也作为人质住到周都洛邑。到了周桓王继位后，更反感郑庄公的专横跋扈，于是将国政委交给虢公，后来甚至干脆剥夺了郑庄公的卿士地位，并把郑国的部分土地收为己有。

郑庄公恼羞成怒，从此不再朝觐周桓王，周郑矛盾到了一触即发的地步。周桓王不能容忍郑庄公的无礼犯上行为，于是亲自率领周军和征调来的陈、蔡、卫等诸侯军大举伐郑，一场大战终于在中原战场上爆发了。

郑庄公闻报周室联军倾巢而来，便统率大军迎击。很快，两军相遇于繻葛。为了赢得决战的胜利，双方都赶紧调兵遣将，布列阵势。周桓王将周室联军分为三军：右军、左军、中军，其中右军由卿士虢公林父指挥，蔡、卫军附属于其中；左军由卿士周公黑肩指挥，陈军附属于内；中军则由桓王亲自指挥。

郑军方面针对周室联军这一布阵形势和特点，也相应作了必要而充分的部署。他们将郑军也编组为三个部分：郑庄公及原繁、高渠弥等人率领中军，祭仲指挥左军，曼伯统率右军，准备与周军一决雌雄。

交战之前，郑国大夫公子元针对周室联军的组成情况，对敌情进行了正确的分析。他指出，陈国国内正发生动乱，因此他的军队没有斗志，如果首先对陈军所在的周左军实施打击，陈军一定会迅速崩溃；而蔡、卫两军战斗力不强，届时在郑军的进攻之下，也将难以抗衡，先行溃退。鉴于这一实际情况，公子元建议郑军首先击破周室联军薄弱的左右两翼，然后再集中兵力攻击周桓王亲自指挥的周室联军主力——中军。他的建议具有很大的合理性，因此为郑庄公欣然接受。

另一位郑国大夫高渠弥鉴于以往诸侯联军与北狄作战时，前锋步卒被击破，后续战车失去掩护，以致无法出击而失利的教训，提出了改变以往车兵、步兵的笨拙协同作战方式，编成“鱼丽阵”以应敌的建议。所谓“鱼丽阵”即将战车布列在前面，将步卒疏散配置于战车两侧及后方，从而形成步车协同配合、攻防灵活自如的整体。

会战开始后，郑军方面即按照既定作战部署向周室联军主动发起猛烈的进攻。郑大夫曼伯指挥郑右军方阵首先攻击周室联军左翼的陈军。陈军果然兵无斗志，一触即溃，逃离战场，周室联军左翼即告解体。与此同时，祭仲也指挥郑军左方阵进攻蔡、卫两军所在的周右翼部队，蔡、卫军稍一交锋，便纷纷败退。周中军为溃兵所扰，阵势顿时大乱。郑庄公见状，立即摇旗指挥原来的中军向周中军发动攻击。祭仲、曼伯所分别指挥的郑左、右两方阵也乘势合击，猛攻周中军。失去左、右两翼掩护协同的周中军无法抵挡郑左、中、右三军的合击，大败后撤，周桓王肩膀也中箭负伤，被迫下令撤退。

郑军的指挥者见周师溃退，十分振奋。祝聃等人遂建议立即追击，扩大战果，但为郑庄公所拒绝。他的看法是“君子不欲多上人，况敢凌天子乎？”于是战场便这样沉寂了下来。郑庄公这么做的含意便是，周天子地位虽已今非昔比，但威望犹在，不可过分冒犯，以致引起其他诸侯国的敌视和作对。为此，当晚他还委派祭足去周营慰问负伤的周桓王，以缓和双方的尖锐矛盾。

繻葛之战以郑庄公的胜利宣告结束。繻葛之战对当时的影响是十分巨大的。它使周天子的威信一落千丈，“礼乐征伐自天子出”的传统从此消亡。同时也是诸侯国崛起，不听从天子之命，开始觊觎和争夺霸主地位的开始，标志着诸侯争霸时代的正式到来。

点评

繻葛之战使周天子的威信一落千丈，“礼乐征伐自天子出”的传统从此消亡，同时也标志着诸侯争霸的时代正式到来。一场战争使中华民族进入了一个“百家争鸣”的文明繁荣期。

曹刿论战：长勺之战取胜的瑰宝

春秋战国时期，齐国宫廷内部发生了一场动乱，使齐国的君位空置了起来。当时流亡在外的公子小白和其兄公子纠都想乘机回国继承君位，于是发生了一场君位争夺斗争。结果，公子小白捷足先登，率先入国抢占了君位，他就是历史上赫赫有名的齐桓公，而公子纠在这场权力争夺中丢掉了自己的性命。

鲁国在这场齐国内部斗争中，是站在公子纠一边的，并曾经公开出兵支持公子纠回国争夺君位，但结果是损兵折将，大败而归。鲁国的所作所为，导致齐鲁之间矛盾的激化，齐桓公本人对此更是耿耿于怀，不肯善罢甘休，终于酿成了长勺之战的爆发。

齐桓公在巩固了君位之后，自恃实力强大，不顾管仲的谏阻，决定兴师伐鲁，以报复鲁国一年以前支持公子纠复国的夙怨。当时鲁国执政的是鲁庄公，他闻报齐军大举来攻，决定动员全国的力量，同齐军一决胜负。

就在鲁庄公准备发兵应战之时，鲁国有一位名叫曹刿的人认为当政者庸碌无能，未能远谋。他不忍心看到自己的国家遭受齐国军队的蹂躏，因而入见庄公，要求参与战事。曹刿询问庄公依靠什么同齐国作战。鲁庄公说，对于衣物食品之类的东西，总是要分赐给臣下，不敢独自享用。曹刿指出，这样做不过是小恩小惠，不能施及全国，民众是不会出力作战的。鲁庄公又说，自己对神明是很虔敬的，祭祀天地神明的祭品从不敢虚报，很守信用。但曹刿认为，对神守点小信，未必能感动神明，神也是不会降福的。鲁庄公想了一下又补充道，自己对待民间的大小狱讼，虽然不能做到明察秋毫，但是必定审情度理地予以处理。曹刿这时才说，这才是尽到了君主的责任，为老百姓办了好事，具备了同齐国决一胜负的基本条件了。为此，他请求随同鲁庄公奔赴战场，鲁庄公允诺了他的这一请求，让他和自己同乘一车前往长勺。

鲁军根据齐强鲁弱的客观形势，在长勺迎击来犯的齐军。两军都摆开了决战的态势，待布阵完毕后，鲁庄公准备传令擂鼓出击齐军，希望能够先发制人。曹刿见状赶忙加以劝止，建议庄公坚守阵地，以逸待劳，伺机破敌，鲁庄公接受了曹刿的这一建议，暂时按兵不动。齐军方面求胜心切，凭恃强大的兵力优势，主动向鲁军发起猛烈的进攻。但它接连三次的出击都在鲁军的严密防御之下遭到了挫败，未能达到先发制人的作战目的，反而造成自己战力衰落，斗志沮丧。曹刿见时机已到，建议庄公果断进行反击。庄公听从他的意见，传令鲁军全线出击。鲁军于是凭借高昂的士气，一鼓作气，迅猛英勇地冲向敌人，冲垮齐军的车阵，大败齐军。庄公见到齐军败退，急欲下令发起追击，又被曹刿所劝阻。曹刿下车仔细察看，发现齐军的车辙的痕迹紊乱；又登车远望，望到齐军的旗帜东倒西歪，判明了齐军确是败溃，这才建议鲁庄公实施追击。庄公于是下令追击齐军，进一步重创齐军，将其赶出了鲁国国境，鲁军至此取得了长勺之战的最终胜利。

战争结束后，鲁庄公向曹刿询问是役取胜的原委。曹刿回答说："用兵打仗所凭恃的是勇气。第一次击鼓冲锋时，士气最为旺盛；第二次击鼓冲锋，士气就衰退了；等到第三次击鼓冲锋，士气便完全消失了。齐军三通鼓罢，士气已完全丧尽，而相反我军士气却正十分旺盛，这时实施反击，自然就能够一举打败齐军”。接着曹刿又说明未立即发起追击的原因：齐国毕竟是实力强大的国家，不可等闲视之，而要谨防其佯败设伏，以避免己方不应有的失利。后来看到他们的车辙紊乱，望见他们的旌旗歪斜，这才大胆地建议实施战场追击。一番话说得鲁庄公心悦诚服，点头称是。长勺之战是齐桓公争霸斗争史上一次少有的挫折，也是鲁齐长期斗争中鲁国的一次罕见的胜利。长勺之战规模虽然不大，但它的以弱胜强一直为历代兵家所称道。

点评

长勺之战正确地反映了弱军对强军作战的基本规律和原则：在作战中遵循后发制人、敌疲我打、积极防御、适时反击的方针，牢牢掌握战争主动权，直至最后赢得战役的重大胜利。生活中也一样，只要有必胜的决心并为之努力，弱者并不一定会是失败者。

假途灭虢：一石双鸟，连夺两国

假途灭虢之战，是春秋初年晋国诱骗虞国借道，一石二鸟，先后攻灭虢、虞两个小国的一次作战。这次作战正应了“三十六计”中的“兵不厌诈”。

春秋初期，诸侯并立，大国兼并小国。位处中原地带的晋国，在这场弱肉强食的大混战中不断兼并征服其他小国，势力迅速崛起。晋献公在位期间，又把其南面的两个小国——虢国和虞国——预定为吞并的目标。

可是，晋国要顺利实现这一目的也不是那么容易的。虢、虞两国虽然地狭人稀，国力弱小，但却是同姓毗邻，结有同盟。晋国同其中任何一国开启战端，都意味着要同时和两国之师相抗衡。如何拆散虢、虞两国的同盟关系，使自己避免陷于两线作战，这乃是晋国在吞并两国军事行动中首先必须解决的问题。

终于，晋国大夫荀息想出了一条一箭双雕的妙计：用厚礼重宝贿赂收买虞公，拆散虢、虞之间的同盟，向虞国假道攻打虢国，待虞国中计、虢国败亡后再图后举。晋献公听了荀息的妙计后，认为计谋很好，但是还存在一定的顾虑，一是有些舍不得自己的珍宝，二是忌惮虞国那位贤臣宫之奇会揭穿晋国的用心。针对晋献公的犹豫，荀息一一予以妥善的解释，指出送珍宝给虞国，等于是将它暂时存放在那里，迟早还将收回；至于宫之奇，虽有些能耐，但他的意见虞公不一定会采纳，未足为惧。一番话打消了献公的最后顾虑，他决定依照荀息的计谋展开行动。

不久，荀息携带着良马、美玉等奇珍异宝出使虞国。到了那里后，晋见虞公，献上珍宝，并向虞公正式提出借道攻虢的要求。虞公见到金银珠宝特别高兴，便收下了良马、美玉，答应晋国军队通过虞国土地去征伐虢国，并表示愿意出兵协助晋国作战。宫之奇认为此事大为不妥，在一旁加以谏阻，但虞公根本听不进去，只是一意孤行，硬朝着晋人的圈套里钻去。

不久，晋大夫里克、荀息统率晋国军队通过虞国的土地去攻打虢国，虞公派出军队同晋军会师，然后协同晋军展开军事行动。晋军在虞军的积极配合下，进展顺利，很快攻占了虢国的下阳，一举控制了虢、虞之间的战略要地，并通过此事进一步摸清了虢、虞两国的虚实，为下一步行动创造了条件。

时隔三年，晋献公又一次向虞国提出了借道伐虢的要求。这时虞国大夫宫之奇更透彻地看清了“假道”背后所包藏的险恶用心，指出“虢国如果灭亡，虞国必然跟着完蛋”，警告虞公“晋不可启，寇不可玩”，力图以虢、虞两国“辅车相依，唇亡齿寒”的利害关系劝阻虞国假道于晋，伺机消灭晋国。可是虞公利欲熏心，根本不采纳宫之奇的建议，反而以晋为自己的同姓国，必不会害己作理由，又答应了晋国借道的要求。宫之奇见虞国灭亡近在旦夕，为避祸计，便率领族人逃离了虞国。

这次晋献公亲自统军借道虞国攻打虢国，声势远比前一次更大，可见其志在必得。晋军进展迅速，很快兵临虢都上阳城下，加以团团围困。虢国弱小无援，数个月后即为晋军所灭。晋军随即胜利回师，行经虞地驻扎时，即乘其不备发动突然袭击，生俘虞公，轻而易举地灭亡了虞国，最终达到了吞并两国的目的。在历史上，假途伐虢也经常为一些人所仿效，而成为强兼弱、大吞小过程中所惯用的策略手段。比如北宋赵匡胤，“假道荆湖”，袭占荆、湖，并灭南平、武平两地割据势力，就是显著一例。当然，此战中所反映的唇亡齿寒的另一层道理，也为后世弱国联合以抗击强国的斗争实践提供了有益的启迪。

假途灭虢之战体现了相当丰富深刻的军事斗争艺术，因此受到历代兵家的广泛重视。著名兵书《三十六计》还曾将它立为一计，以概括军事斗争中这样一条重要规律：战争指导者有意掩盖自己的真实意图，利用敌人贪利、畏怯等弱点，借攻击第三者为由，顺势渗透自己的势力，控制对方。一俟时机成熟，即以迅雷不及掩耳之势发起攻击，一举消灭或制服对手，达到一石两鸟的目的。

点评

假途灭虢之战体现了相当丰富深刻的军事斗争艺术，著名兵书《三十六计》还曾将它立为一计，以概括军事斗争中“一举消灭或制服对手，达到一石二鸟的目的”一条基本策略。同时，从虞国的失陷中我们也总结出利欲熏心、害人害己的道理。

泓水之战：寓示“仁义”的失败

泓水之战，是宋、楚两国为争夺中原霸权而进行的一次作战，也是中国古代战争史上因思想保守、墨守成规而导致失败的典型战例之一。它标志着商周以来以“成列而鼓”为主要特色的“礼义之兵”行将寿终正寝，新型的以“诡诈奇谋”为主导的作战方式正在崛起。

春秋时期，趁着中原地区的齐、晋、秦无力争霸的时机，南方强国——楚国——乘机进入中原，攫取霸权。其他小国人人自危。

于是，宋襄公便出面领导诸侯抗衡楚国，以“仁义”为政治号召，召集诸侯举行盟会。在盂地盟会上，宋襄公轻车简从前往，结果被楚成王手下的军队活捉。楚军押着他攻打宋都商丘，幸亏太宰子鱼率领宋国的军民进行顽强的抵抗，才抑制了楚军的攻势，使其围攻宋都数月而未能得逞。后来，在鲁僖公的调停之下，楚成王才将宋襄公释放回国。宋襄公遭此奇耻大辱，真是气不打一处来，他把矛头指向臣服于楚的郑国，决定兴师讨伐它，以显示一下自己的威风，挽回自己曾为楚国俘虏的面子。郑文公闻知宋师大举来攻，立即求救于楚，楚成王果然迅速起兵伐宋救郑。宋襄公得到这个消息，才知道事态十分严重，不得已被迫急忙从郑国撤军。

十月底，宋军返抵宋境，这时楚军犹在郑国境内向宋国挺进途中。宋襄公为阻击楚军于边境地区，屯军泓水以北，以等待楚军的到来。十一月初一，楚军进至泓水南岸，并开始渡河，这时宋军已布列好阵势。

宋大司马公孙固鉴于当时楚宋两军众寡悬殊的情况，再加上此时楚军正在渡河，正给宋军以可乘之机，于是，公孙固建议宋襄公把握战机，乘楚军渡到河中间时予以打击。但是却为宋襄公所断然拒绝，“这样不符合仁义之道”。就在公孙固懊恼错失良机之际，楚军已全部顺利渡过泓水。

楚军渡河后，开始布列阵势，此时军形散乱，正是宋军大举进攻的绝好时机。这时公孙固又奉劝宋襄公乘楚军列阵未毕、行列未定之际发动攻击，但宋襄公仍然不予接受，“这样不符合仁义之道”。公孙固只能在旁边看着楚军布阵扼腕叹息。

一直等到楚军布阵完毕，一切准备就绪之后，宋襄公这才觉得此时已是“符合仁义”的出击时间，于是，宋军击鼓向楚军进攻。

可是，这时一切都已经晚了，弱小的宋军哪里是强大楚军的对手，一阵厮杀后，宋军受到重创，宋襄公也受了重伤，他的精锐部队已被楚军所歼灭。幸好在公孙固等人的拼死掩护下，宋襄公才得以突出重围，狼狈逃回宋国。泓水之战就这样以楚胜宋败降下帷幕。

点评

泓水之战宋的失败就源于宋襄公在战争中“仁义”的表现。这场战争使得宋国从此一蹶不振，楚国势力进一步向中原扩展，春秋争霸战争进入了新的阶段。这告诉我们：战争是残酷和血腥的，不要掺杂一点人情味。

城濮之战：晋军“退避三舍”

我们知道，在军事上“先发制人”、争取作战中的先机之利是一个重要的命题。可是，在一定条件下，“后发制人”也是军事斗争的重要手段，其实质便是积极防御，即以防御为手段、以反攻为目的的攻势防御，它常常成为较弱一方克敌制胜的重要法宝。春秋时期的晋楚城濮之战，就是历史上这方面的典型战例之一。

春秋时期，齐国衰落，位于长江中游地区的楚国乘机将自己的势力范围发展到长江、淮河、黄河、汉水之间，控制了郑、蔡、卫、宋、鲁等众多中小国家。

正当楚国势力急剧向北发展的时候，在今山西、河南北部、河北西南一带的晋国也兴盛了起来。长期流亡在外的晋公子重耳历尽艰辛，终于回国即位，是为晋文公。他执政后，对内修明政治，任贤使能，发展经济，崇俭省用，整军经武；对外高举“尊王”旗帜，争取其他国家的支持，从而逐步具备了争夺中原霸权的强大实力。

晋国的壮大崛起，引起了楚国的严重不安，两国之间的矛盾因此日趋尖锐。而围绕对宋国的控制权，终于导致了这一冲突的全面激化。

鲁国因和曹、卫两国结盟，几度遭到齐国的进攻，便向楚国请求援助。而泓水之战后被迫屈服于楚的宋国，这时看到晋文公即位后晋国实力日增，也就转而依附晋国。楚国为了维持自己在中原的优势地位，便出兵攻打齐、宋，并想借此来扼制晋国势力的东进和南下。而晋国也不甘心长期居于黄河以北一带，于是便利用这一机会，以救宋为名，出兵中原。

在战争中，晋又与齐、秦两大国结成联盟。楚成王看到形势明显不利，就主动把楚军撤退到楚国的申地，并命令戍守穀邑的大夫申叔迅速撤离齐国，要求令尹子玉将楚军主力撤出宋国，避免与晋军冲突。他告诫子玉，晋文公非等闲人物，不可小觑，凡事要量力而行，适可而止，知难而退。

但是子玉却骄傲自负，根本听不进楚成王的劝告，仍坚决要求楚成王允许他与晋军决战，以消弭有关他指挥无能的流言，并请求楚成王增调兵力。楚成王优柔寡断，同意了子玉的决战请求，希冀他侥幸取胜；但是又不肯给子玉增派充足的决战兵力，只派了少量兵力前往增援。

子玉得到了楚成王增派的这部分援兵后，更加坚定了他同晋军作战的决心。为了寻找决战的借口，他派遣使者宛春故意向晋军提出了一个“休战”的条件：晋军撤出曹、卫，让曹、卫复国，楚军则解除对宋都的围困，撤离宋国。子玉这一招不怀好意，实际上是要让晋国放弃争霸中原、号令诸侯的努力。但晋文公棋高一着，采纳了先轸更为高明的对策：一方面将计就计，以曹、卫同楚国绝交为前提条件，私下答应让曹、卫复国。另外扣留了楚国的使者宛春，以激怒子玉来寻战。子玉眼见使者被扣，曹、卫叛己附晋，果然恼羞成怒，倚仗楚、陈、蔡联军兵力的优势，气势汹汹地扑向晋军，寻求战略决战。晋文公见楚军向曹都陶丘逼近，为了避开楚军的锋芒，选择有利的决战时机，诱敌深入，后发制人，遂下令部队主动“退避三舍”，向后撤到预定的战场——城濮一带。

晋军的“退避三舍”，实际上是晋文公谋略胜敌的重要一着妙棋，它在政治上争得了主动——“君退臣犯，曲在彼矣”，也就是说发动战争的错误在楚国一方，赢得了舆论上的同情。在军事上造就了优势——便于同齐、秦等盟国军队会合，集中兵力；激发晋军将士奋勇作战的情绪；先占据有利地形，以逸待劳等，从而为晋军后发制人、夺取决战胜利奠定了坚实的基础。对晋军的主动后撤，楚军中不少人都感到事有蹊跷，主张持重待机，停止追击。然而刚愎自用的子玉却认为这正是聚歼晋军，夺回曹、卫的大好时机，挥兵跟踪追至城濮。

晋军在城濮驻扎下来，齐、秦、宋诸国的军队也陆续抵达和晋军会合。晋文公检阅了部队，认为士气高昂、战备充分，可以同楚军一战。楚军方面，决战的准备也在积极进行之中，子玉将楚军和陈、蔡两国军队分成中、左、右三军。中军为主力，由他本人直接指挥；右翼军由陈、蔡军队组成，战斗力薄弱，由楚将子上统率；左翼军也是楚军，由子西指挥。

那日，城濮地区上空战云弥漫，晋楚两军在这里展开了一场战车大会战。在决战中，晋军针对楚中军较强、左右两翼薄弱的部署态势，以及楚军统帅子玉骄傲轻敌、不谙虚实的弱点，采取了先击其翼侧，再攻其中军的作战方针，有的放矢发动进攻。晋下军佐将胥臣把驾车的马匹蒙上虎皮，首先向楚军中战斗力最差的右军——陈、蔡军——猛攻。陈、蔡军遭到这一出其不意的打击，顿时惊慌失措，一触即溃。楚右翼就这样迅速被歼了。

接着晋军又采用“示形动敌”，诱敌出击，尔后分割聚歼的战法对付楚的左军。晋军上军主将故意在车上竖起两面大旗，引车后撤，装扮出退却的样子。同时，晋下军主将栾枝也在阵后用战车拖曳树枝，飞扬起地面的尘土，假装后面的晋军也在撤退，以引诱楚军出击。子玉不知是计，下令左翼军追击。晋中军主将先轸、佐将郤臻见楚军中了圈套，盲目出击，便立即指挥最精锐的中军横击楚左军。晋上军主将狐毛、佐将狐偃也乘机回军夹攻。楚左翼遭此打击，退路被切断，完全陷入了重围，很快也被消灭了。子玉此时见其左、右两军均已失败，大势尽去，不得已下令中军迅速脱离战场，才得以保全中军。楚军战败后，向西南撤退到连谷，子玉旋即被迫自杀。城濮之战就此以晋军获得决定性胜利而告结束。

城濮之战后，晋文公在践土朝觐周王，会盟诸侯，向周王献楚国俘虏四马兵车一百乘及步兵一千名，周襄王正式命晋文公为侯伯。晋国终于实现了“取威定霸”的政治、军事目标。

点评

春秋时期的晋楚城濮之战告诉了我们另一个崭新的军事理论——后发制人。它常常成为较弱一方克敌制胜的重要法宝，在军事理论上占有自己的一席之地。

鸡父之战：一场以少胜多、出奇制胜之战

公元前5世纪中叶，偏处于东南部的吴国和越国先后兴盛起来，开始加入大国争霸的行列。

吴国是一个新兴的国家，辖有今江苏、上海大部和浙江、安徽的一部。自吴王寿梦起，经济逐渐发展，国势开始强盛。日渐强大起来的吴国，为了进入中原，将楚国作为第一个战略打击的目标，并积极动用武力，同楚国争夺淮河流域。

吴王僚率公子光等，兴兵进攻楚国控制下的淮河流域战略要地州来。楚平王闻讯后，即下令司马薳越统率楚、顿、胡、沈、蔡、陈、许七国联军前往救援州来，并令楚令尹阳匄带病督师。吴军统帅见楚联军力量强盛，来势凶猛，遂迅速撤去对州来的包围，将部队移驻于钟离地区，暂避敌锋，伺机行动。

然而，就在这时，进军途中的楚军发生了一个不大不小的变故，这就是带病出征的楚令尹阳匄因病重，死于军中。楚军失去主帅，士气顿时低落。司马薳越见状，被迫回师鸡父。

吴公子光听说楚军统帅阳匄已身亡，楚联军不战而退，认定这正是

吴军把握战机击破敌人的良机，便向吴王僚建议率军尾随，捕捉机会。吴王僚针对敌情作出具体周密的作战计划：迅速向楚联军逼近，定于在到达鸡父战场后的次日即发起攻击，利用当天“晦日”的特殊气候条件，乘敌不备，以奇袭取胜。在兵力部署上，先以一部分兵力攻击胡、沈、陈的军队，战而胜之；然后打乱其他诸侯国军，再集中兵力攻击楚军本部，并决定在作战中采取先示敌以弱，后以主力军队猛攻的灵活战法。

一切就绪后，吴军遂于古代用兵所忌的晦日七月二十九突然出现在鸡父战场。此举完全出乎楚司马薳越的意料，仓猝之中，他让胡、沈、陈、顿、蔡、许六国军队列为前阵，以掩护楚军。吴王以自己所率的中军，公子光所率的右军，掩余所率的左军等主力预作埋伏，而以不习战阵的三千囚徒为诱兵攻打胡、沈、陈诸军。未受过军事训练的吴国囚徒是乌合之众，无法进行正常的作战，双方接战不久便散乱退却。胡、沈、陈军见状遂贸然追击，捕捉战俘，纷纷进入了吴军主力的预定伏击圈中。这时，吴三军当机立断，从三面突然出击，很快战胜了胡、沈、陈三国军队，并俘杀胡、沈国君和陈国大夫夏啮。许、蔡、顿三国军队见状，顿时军心动摇，阵势不稳。这时吴军遂乘胜擂鼓呐喊冲杀向前，直扑三国之师。三国之师的阵势本已动摇，又见吴军蜂拥而来，哪里还有作战的勇气，于是纷纷不战而溃，乱作一团。楚军还没来得及列阵，即被许、蔡等诸侯军的溃败扰乱，已无回天之力，迅速陷于溃败。至此，吴军终于大获全胜。鸡父之战以吴国的胜利、楚国的失败而告终。

点评

鸡父之战是对楚国的一次沉重打击。在这场会战中，吴军实施正确的作战指导，巧妙选择作战地点和时间，运用示形动敌、伏击突袭等战法，出奇制胜，大破楚军，赢得战争的胜利。可见，决定一件事情成败的往往是正确的指导原则。

巨鹿之战：项羽破釜沉舟，击败秦军

兵法上说“置之死地而后生”，巨鹿之战就是这句话的一个例证。

公元前209年，陈胜、吴广在大泽乡揭竿而起，反抗暴秦统治，点燃起我国第一次农民大起义的烈火。一时间，“天下从者如流水”，项梁、项羽起兵于江东，立楚怀王的孙子心为帝定都于盱眙，张耳、陈余参加了起义，立赵歇为王，建立赵国。秦朝统治者对农民起义进行了残酷镇压。公元前208年，秦将章邯率军北上击赵军于邯郸。赵军不支，退守巨鹿，为秦将王离部队所围困。

巨鹿被围之际，赵使求救于楚。楚任命宋义为上将军，项羽为次将，范增为末将，率兵去救援赵国。宋义行军到安阳，停留四十多天不前进，还操办酒宴，大会宾客。项羽对此极为不满地说；“如今，国家安危的命运，完全在此一举。现在，你身为上将军而不体恤士卒疾苦，却去钻营个人私利，这不是国家栋梁之臣所该做的!”项羽利用早晨进见上将军宋义的机会，在大帐中把他杀了，然后通令全军说：“宋义与齐国勾结图谋反叛，楚怀王密令我把他杀掉了。”此时，众将都为项羽的举动所畏服，没有一个敢于抗拒不从的，大家齐声说道：“首先拥立楚王的是将军啊，现在将军诛杀的是图谋反叛的乱臣贼子。”于是，楚便任命项羽为上将军。项羽因杀掉以权谋私的宋义，从此便威震楚国，名扬诸侯。

项羽先遣英布和蒲将军率兵二万渡过漳河攻秦，取得胜利后，亲率主力渡河。为了表示与秦军决一死战的决心，他命令士兵把渡船沉入河底，砸毁饭锅蒸笼，烧掉营垒屋舍，只携带三天的干粮。项羽率军一到巨鹿，先以雷霆之势包围王离，经过往返九次冲杀，切断秦军的运粮道路，获得巨大战果。秦将苏角被打死，王离做了俘虏。在交战中，楚军“以一当十”“呼声震天”。之后，项羽又不断击败秦军，章邯不得不竖起降旗，项羽声威从而大振。

其实，在项羽到达之前，巨鹿城下已有其他诸侯援军的十多个营垒，但却没有敢于出战的；到了楚军进击秦军的时候，诸侯军的将领们都站在壁垒上观望而不出兵助战。楚军将士无不以一当十，英勇奋战，杀声震天；而诸侯军人人战栗惊恐。

巨鹿之战，全歼了秦军主力三十万人，为秦王朝的灭亡敲响了警钟。

点评

巨鹿之战对最后推翻暴秦统治起了决定性作用。大文学家司马迁在《史记·项羽本纪》中，详细地记载和描述了这一战役，成为名传千古的不朽之笔。“破釜沉舟”“作壁上观”渐渐成为流传极广的两个成语，项羽也由此成为受人崇拜的一个英雄。

官渡之战：奠定了曹操统一中国北方的基础

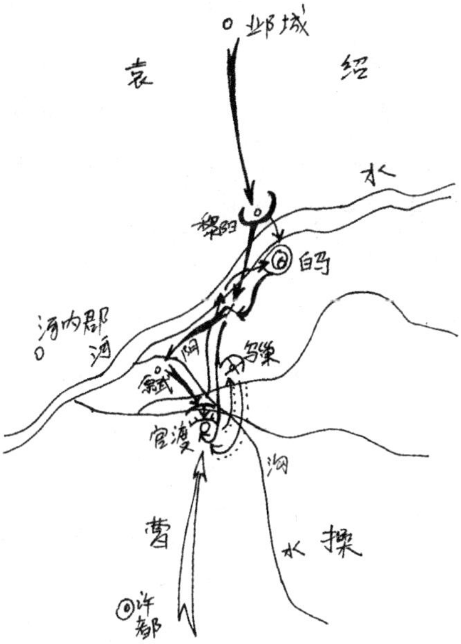

公元200年，袁绍挑选十万精锐步兵、一万骑兵，以黎阳为大本营，命令颜良为先锋，渡河进攻白马。曹操用荀攸之计，扬言渡河抄袭袁绍后路，袁绍命令颜良分兵一半到延津阻击曹操渡河；曹操命令于禁固守延津，以张辽、关羽为先锋，自己亲自领主力直扑白马，与东郡太守刘延夹击颜良，颜良遂阵亡。中国历史上著名的官渡之战爆发了。

袁绍大怒，命令全军渡河；又命另一心腹大将文丑与刘备为先锋，直扑白马。曹操放弃白马，向延津撤退，并亲自率精锐殿后，故意放弃辎重；文丑、刘备带六千多骑兵追击，四散抢辎重；曹操乘机命令攻击，袁军大乱，文丑被杀；曹操为诱敌深入，退回官渡。袁绍不听属下田丰的正确计谋，并将他押送到邺城。袁绍摆开联营，步步进逼；曹操命令于禁、乐进攻击两翼，大获全胜。袁绍为赢得胜利，在南方向李通、刘辟策反；李通不背叛反而领兵消灭暗通袁绍的地方豪强；曹操又命令曹仁、徐晃带领骑兵星夜前往镇压刘辟、刘备。

袁绍一计不成，又生一计，写书让江东孙策北上偷袭许昌；曹操谋士郭嘉认为孙策过于轻佻，必死于刺客之手，果然，不久孙策受到仇人阻击，伤重而亡。曹操与袁绍相持日久，军粮不足，意欲退回许昌，荀文若力劝曹操坚守，并最大限度支援前线。随后，曹操命令曹仁、徐晃等偷袭袁绍大将韩猛，烧毁韩猛押运的几千车粮草。袁绍谋士许攸建议袁绍派偏师偷袭许昌，抢走汉帝，遭到拒绝后又因为家属被审配收监，许攸无奈投靠曹操，并建议曹操偷袭袁军粮草堆放地乌巢。曹操留下曹洪等守大营，自己领夏侯渊、张辽、曹仁等直扑乌巢，同时命令徐晃偷袭袁军另外一粮草堆放地故市。曹军假装袁军，骗过袁军的盘查，偷袭乌巢。

消息传到袁绍耳中，袁绍不听从大将张合应重兵救乌巢的建议，却听从谋士郭图意见命张合、高览率重兵强攻曹军大营，只派出少量骑兵救乌巢。曹操先集中全力攻下乌巢袁军营，擒守将淳于琼，烧毁所有物资，再回头击败来救的袁军骑兵，同时徐晃也攻下故市，烧毁所有的物资。消息传到袁军大营，郭图为免获罪，造谣说张合为乌巢之败而幸灾乐祸，同时派人通知张合说袁绍要杀张合，张合无奈投降曹军。曹操遂大举反攻，袁军毫无斗志，大部分投降曹军；袁绍等人仅仅与八百亲兵逃走，后七万多投降的士兵被曹操下令活埋。官渡之战以曹操的大获全胜而告终。

点评

官渡之战中，曹操巧用计谋，机智指挥，打败了北方的头号强敌袁绍，基本上统一了我国北方，为以后三国鼎立局面的形成打下了基础，可见智慧在成功中的重要作用。

赤壁之战：刘备、孙权大败曹操，奠定三国鼎立基础

通过官渡之战，曹操基本统一北方，随于公元 208 年率领大军南下进攻刘表，企图一举消灭占据荆州的刘表和江东的孙权，统一全国。他的人马还没有到荆州，刘表已经病死。他的儿子刘琮听到曹军声势浩大，吓破了胆，先派人求降了。

这时候，刘备在樊城（今湖北襄樊市）驻守，他听到曹操大军南下，决定把人马撤退到江陵（今湖北江陵）。荆州的百姓听说刘备待人好，都宁愿跟着他一块撤退。

曹操赶到襄阳，听说刘备向江陵撤退，又打听到刘表在江陵积了大批军粮，怕被刘备占去，亲自率领五千轻骑兵追赶刘备。刘备的人马带了兵器、装备，还有十几万百姓跟着他，每天只能行军十几里。曹操的

骑兵一天一夜就赶了三百多里，很快就在当阳长坂坡（今湖北当阳县东北）追上了刘备。

刘备的人马被曹操的骑兵冲杀得七零八乱，还亏得张飞在长坂坡抵挡了一阵，刘备、诸葛亮才带着少数人马摆脱追兵。但是往江陵的路已经被曹军截断，只好改道退到夏口（在今湖北武汉市）。

曹操占领了江陵，继续沿江向东进军，很快就要到夏口了。诸葛亮对刘备说："形势紧急，我们只有向孙权求救一条路了。"

正好孙权怕荆州被曹操占领，派鲁肃来找刘备，劝说他和孙权联合抵抗曹军。诸葛亮就跟鲁肃一起到柴桑（今江西九江西南）去见孙权。

诸葛亮见了孙权，说："现在曹操攻下了荆州，马上就要进攻东吴了。将军如果决心抵抗，就趁早同曹操断绝关系，跟我们一起抵抗；要不然，干脆向他们投降，如果再犹豫不决，祸到临头就来不及了。"

孙权反问说："那么，刘将军为什么不投降曹操呢？"

诸葛亮严肃地说："刘将军是皇室后代，才能盖世，怎么肯低三下四去投降曹操呢？"

孙权听诸葛亮这么一说，也激动地说："我也不能将江东土地和十万人马白白地送人。不过刘将军刚打了败仗，怎么还能抵抗曹军呢？"

诸葛亮说："您放心吧，刘将军虽然败了一阵，但是还有水军二万。曹操兵马虽然多，远道追来，兵士也已经筋疲力尽。再说，北方人不习惯水战，荆州的人对他们不服。只要我们协力同心，一定能够打败曹军。"

孙权听了诸葛亮的一番分析，心里挺高兴，就立刻召集部下将领，讨论抵抗曹操的办法。

正在这时候，曹操派兵士下战书来了。信上说："我奉大汉皇帝的命令，领兵南征。现在我准备了水军八十万，愿意和将军较量一番。"

孙权把这封信递给部下看，大伙儿看了都刷地变了脸色，说不出话来。

张昭是东吴官员中资格最老的。他说："曹操用天子的名义来征讨，我们要抵抗他，道理上输了一着。再说，我们本来想靠长江天险，现在也靠不住了。曹军占领了荆州，又有上千艘战船，他们水陆两路一起下来，我们怎么也抵挡不了，我看只好投降。”

张昭这一说，马上有不少人附和。只有鲁肃在旁边冷眼旁观，一声不吭。

孙权听着听着，觉得不是滋味，就走出屋子，鲁肃也跟着出来。

孙权拉着鲁肃的手，说：“你说说，该怎么办呢？”

鲁肃说：“刚才张昭他们说的话全听不得。要说投降，我鲁肃可以投降，将军就不可以。因为我投降了，大不了回老家去，照样跟名士们交往，有机会还可以当个州郡官员。将军如果投降，那么江东六郡全都落在曹操手里，您上哪儿去？”

孙权叹了口气说：“刚刚大家说的，真叫我失望。只有你说的才合我的心意。”

散会以后，鲁肃劝孙权赶快把正在鄱阳的大将周瑜召回来商量。

周瑜一到柴桑，孙权又召集文武官员讨论。周瑜在会上慷慨激昂地说：“曹操名为汉朝丞相，其实是汉室奸贼。这次他自己来送死，哪有投降他的道理。”他给大家分析了曹操许多不利条件，认为北方兵士不会水战，而且老远赶到这陌生地方，水土不服，一定会生病，兵马再多也没有用。

孙权听了周瑜的话，胆也壮了。他站起来拔出宝剑，“豁”的一声，把案几砍去一角。他严厉地说：“谁要再提投降曹操，就跟这案桌一样。”

当天晚上，周瑜又单独去找孙权，说：“我已经打听清楚。曹操兵马号称八十万，这是虚张声势，其实只不过二十几万，其中还有不少是荆州兵士，不一定真心替他打仗。您只要给我五万精兵，我保管把他打败。”

第二天，孙权任命周瑜为都督，拨给他三万水军，叫他同刘备协力抵抗曹操。

周瑜领兵进军，在赤壁（今湖北武昌县西赤矶山）和曹军前哨碰上了。果然不出周瑜所料，曹军兵士很多人不服水土，已经得了疫病。双方一交锋，曹军就打了败仗，被迫撤退到长江的北岸。周瑜率领水军进驻南岸，和曹军隔江遥遥相对。

正像周瑜预料的那样，曹操北方来的兵士不会水战，他们在战船上，遇到风浪颠簸就受不了。后来，他们把战船用铁索拴在一起，船果然平稳不少。

周瑜的部将黄盖看到这个情况，向周瑜献了个计策，说："敌人兵多，我们兵少，拖下去对我们不利。现在曹军把战船都连接在一起，我看可以用火攻办法来打败他们。"

周瑜觉得黄盖的主意好，两人还商量好，让黄盖派人送了一封信给曹操，表示要脱离东吴，投降曹操。曹操以为东吴将领害怕他，对黄盖的假投降，一点也没怀疑。

黄盖叫兵士偷偷地准备好十艘大船，每艘船上都装着枯枝，浇足了油，外面裹着布幕，插着旗帜，另外又准备一批轻快的小船，拴在大船船尾上，准备在大船起火时转移。

隆冬的十一月，天气突然回暖，刮起了东南风。当天晚上，黄盖带领一批兵士分乘十条大船，驶在前面，后面跟随着一批船只。船队到了江心，扯满了风帆，像箭一样驶向江北。

曹军水寨的将士听说东吴的大将来投降，正纷纷挤到船头看热闹。没想到东吴船队离开北岸约摸二里光景，前面十条大船突然同时起火。火借风势，风助火威。十条火船，好比十条火龙一样，闯进曹军水寨。那里的船舰，都挤在一起，又躲不开，很快地都延烧起来，一眨眼工夫，已经烧成一片火海。水寨烧了不算，岸上的营寨也着了火，曹军一大批兵士被烧死了；还有不少人被挤进江里不会泅水，马上淹死了。

周瑜一看北岸起火，马上带领精兵渡江进攻。他们把战鼓擂得震天响。北岸的曹军不知道后面有多少人马进攻，吓得全部崩溃。

曹操拖着残兵败将向华容（今湖北潜江县西南）的小路上逃跑。那条小路全是水洼泥坑，骑兵没法通过。曹操赶忙命令老弱兵士找了一些稻草铺路，他带着骑兵好不容易才通过，可是那些填铺稻草的兵士，却被人马踩死了不少。

刘备和周瑜一起，分水陆两路紧紧追赶，一直追到南郡（治所在今湖北江陵），曹操的几十万大军战死的加上得疫病死的，损失了一大半。曹操只好派部将曹仁、徐晃、乐进分别留守江陵和襄阳，自己带兵回到北方去了。

经过这场赤壁大战，三国分立的局面已经基本形成。

点评

赤壁之战后，曹操退回北方，再无力南下。刘备通过这次战争也乘机占据荆州大部和西蜀。这样，孙权据有江东，曹操占领北方，刘备占据西蜀，形成了魏、蜀、吴三国鼎立的割据局面。一场战争改变了整个局势，这就是战争的作用。

淝水之战：东晋时期著名的以弱胜强之战

公元 316 年，西晋王朝灭亡。第二年，西晋的皇族司马睿建立东晋。到了公元 4 世纪 70 年代，苻坚统一了黄河流域，建立了前秦，形成和东晋南北对峙的局面。

十月的一天清晨，天刚蒙蒙亮，长安城中的文武百官，齐集在皇宫太极殿的门前，等候苻坚临朝，召开御前会议，商讨灭晋大计。大臣中多数人都认为东晋内外同心，君臣和睦，目前攻打东晋，时机还未成熟，没有必胜的把握。大臣石越说："晋国不仅上下和睦，而且有长江作为天然屏障，又得到老百姓的支持，看来不可轻视啊！"苻坚听了，心中很不高兴，不禁骄狂地说："我的人马这么多，只要一声令下，大家都把马鞭子丢到长江里，就能把江水截断。东晋还有什么可作屏障呢？"他坚持出兵南下。

公元 383 年 8 月，苻坚征集的各州兵马，共计有步兵六十多万，骑兵二十七万，羽林军三万，号称百万，浩浩荡荡地向东南地区进发。苻坚任命苻融为征南大将军，和鲜卑贵族慕容垂一起，率领二十五万步骑兵为前锋；任命羌族将军姚苌为龙骧将军，率领四川的部队沿江东下；命令幽、冀等州兵马由彭城（今江苏徐州）南下。苻坚亲率主力大军从长安出发，一路上人喧马嘶，旌旗遮天；大道上挤满了军队，连同车辆、马匹、粮草、辎重，前前后后足有几百里长。

9月，苻坚率领的主力军攻下项城（今河南项城），在这里驻扎下来。苻融的先锋部队经过一个多月的日夜行军，已经到了淮河北岸的颍口，并且向淝水西岸的重镇寿阳，展开了进攻。

前秦大军压境，东晋宰相谢安和将军桓冲坚决主张抵抗。晋孝武帝任命谢安为战时最高统帅——征讨大都督。对付苻坚号称百万的军队，谢安只有八万人抵御，但他胸有成竹，从容不迫地进行抗战部署。他派谢石代理征讨大都督的职务，负责指挥全军；谢玄担任前锋都督，连同青年将领谢琰和桓伊等一起，率领八万名“北府兵”沿淮河西上；另派将军胡彬率领水军五千人去增援战略要地寿阳。

苻坚依仗自己的兵多，他不等各路人马到齐，就命令苻融向晋军发动猛烈进攻。10月，胡彬的水军还没有到达寿阳，苻融就把寿阳攻破了。胡彬在半路上听到寿阳失守的消息，被迫把部队退到一边是河水，一边是高山的硖石，在这个地势险要的地方扎下营来，专等谢石大军的到来。苻融占领了寿阳以后，一面派兵围攻硖石，一面派梁成率领五万军队控制了洛涧。梁成封锁了淮水，阻止从东面来援的谢石、谢玄大军。谢石命令晋军在离洛涧二十五里的地方，驻扎下来。

谢石的大军不能前进，被围困在硖石的胡彬水军就孤立了，眼看军粮就要吃光，情况十分危急。为了迷惑敌人，胡彬命令士兵们拿着簸箕，天天在河岸上扬簸沙土，使远处的秦军看见，好像是在扬米，表示自己的军粮还很充足；同时，他又给谢石写了一封告急信，说：“现在敌军势力很大，这里的军粮已经吃完，情况十分紧急，恐怕再不能和大军相见了。”他把密信交给了一个亲兵，叫他乘夜突围出去，送给谢石。不幸这个亲兵在途中被秦军捉住，告急的密信也给搜去了。苻融得到胡彬缺粮的情报，立即派人星夜到项城去报告苻坚，说：“现在晋军人少粮尽，正是打败他们的好机会，应该马上发动进攻，不能叫他们跑了。”

狂妄自大的苻坚正在为攻占项城沾沾自喜，听到苻融的密报，更是心花怒放。当天晚上，苻坚把大军留在项城，悄悄地带领八千名轻骑兵，不分昼夜地奔往寿阳。他到达后，和苻融计议了一下，决定先派朱序到晋军去劝降。朱序原来是东晋防守襄阳的将领，襄阳失守时被俘。朱序到晋营后，不但没有劝降，反而向谢石透露了秦军的真实情况，并且建议谢石：应乘前秦各路兵马还未集中，立即发起反攻，只要打败它的前锋，挫伤它的锐气，秦军是不难打败的。谢石和谢玄等仔细地研究了朱序的密报，决定派刘牢之带领五千名北府兵，夜袭洛涧。刘牢之是北府兵的有名勇将，他在战斗中，斩杀案将梁成。秦军失去主将，无心再战，晋军乘胜追击。谢石率领晋军主力渡过洛涧，在淝水东面的八公山（今安徽寿县东北）下，扎下营寨。

洛涧方面失利的消息接二连三地传到寿阳，苻坚心中忐忑不安，他和苻融一起登上寿阳城楼，瞭望晋军的动静。他向东望去，只见晋军阵容严整，旗号鲜明，不由得暗自吃了一惊。他迎风向北远望，恍惚之间，好像八公山上漫山遍野都是晋军。他感到十分意外，转身对苻融说："你看，晋军这么多人马，明明是强敌，怎么能说他们是弱军呢！"他连忙下令，要各军严密防守淝水防线，没有他的命令，谁也不许渡水出击。其实，八公山上哪里有什么晋军呢，是北风把山上的草木吹得左右摇摆。苻坚因为内心慌乱，造成错觉，误以为是晋军在那里练兵习武哩！这段史实，就是成语"草木皆兵"的来历。

秦军虽然在洛涧吃了败仗，锐气受到一些挫折，但是人数仍然比晋军多好几倍，晋军只有速决才有取胜的可能。晋将谢玄派人用激将法去对苻融说："将军领兵深入我境，却沿淝水布阵，这是作持久的打算，哪里是要进行决战呢？如果你们把阵地稍稍向后移动一下，让出一块地方，使晋军渡过淝水，两军决一胜负，不是很好吗？"苻融把晋使的要求报告给苻坚，苻坚不顾诸将反对，同意将阵地后撤，以便趁晋军渡河时进行突然袭击，一举打败晋军。

到了约定的日子，苻坚传下将令，叫秦军拔营后退。秦军本来内部不稳，阵势混乱，这一撤更加造成阵势大乱。谢玄等带领八千骑兵乘势抢渡淝水，展开猛烈攻击。朱序在阵后高喊："秦军败了，秦军败了！"秦军后方部队一听，一时分辨不清是真是假，争着逃命。苻融赶快跑到阵后去阻止队伍后退，被乱军冲倒坐骑，死于晋军刀枪之下。苻坚看到前线这样大败，吓得丧魂落魄，慌忙跳上战马，混在乱军中狼狈奔逃。晋军乘胜猛追，秦军人马互相践踏，死伤很多。幸存的秦军官兵昼夜不停地奔跑，连头也不敢回一下，甚至听到随风吹来的鹤叫声音也以为是晋军追兵到了。这就是成语“风声鹤唳”的来历。那时候，正是11月，天气严寒，这些逃出来的秦兵，在惊慌的同时，更伴随着冻饿，又死亡了不少，苻坚本人也中箭负伤。他逃回洛阳时，原来的百万大军，只剩下十几万残兵败卒了。

前线战报到时，谢安正与朋友下围棋，他看后将文书置在几案之上，对棋如故，只是胸中喜气无法全部抑制。下棋完毕，他步入户内，脚上筋肉紧张，一时伸展不能如意，用力过猛，竟将木屐之底在门槛上踏破，俗语“不觉屐齿之折”来源于此。

点评

淝水之战是东晋和十六国时期最大的一次战争。经过这一战，东晋相对稳定的局面得到了巩固，江南的经济、文化进一步发展。与此相反的是，由于苻坚的失败，前秦政权随之瓦解，北方再度陷入割据混乱的局面。一场战争，往往会决定一个国家和政权的兴衰。

抗倭援朝战役：明军帮助朝鲜抵抗日本的攻击

援朝战役不仅仅是指新中国成立后的抗美援朝战争，在此之前明朝就曾经发生过。明朝建立后朝鲜国王派使者朝拜，朝鲜正式成为中国的属国，受大明王朝的保护。公元16世纪末，日本为了吞并朝鲜，发动了“壬辰倭乱”。在朝鲜国王的请求下，明朝出兵援朝，开始了长达7年的援朝抗日战争，最终以中朝的胜利、日本的失败而告终。

在这场战争中，战斗最为激烈的是“泗川之战”和“露梁海战”。

泗川市地处朝鲜半岛陆地的南端，战略位置十分重要。一条狭长的泗川湾，是海外通往朝鲜汉城最便捷的通道，历来是兵家必争之地。日本侵略军从南部海港城市釜山登陆，45天后，占领了战略要地泗川，并向重镇晋州突进。不到两个月，朝鲜国土大部分沦丧。

朝鲜国王遣使向明朝告急，要求出兵援助。明朝廷认为，“倭寇之图朝鲜，意实在中国，而我兵之救朝鲜实以保中国”，故决定援朝抗倭。明朝派先锋戴朝弃、史儒率兵两万出征，副总兵祖承训带大部队随后进入朝鲜，拉开了明援朝抗日之战的序幕。

朝明联军抗倭进入决战阶段。明朝调动了陆水军共十四万兵力，再度增援朝鲜，并决定兵分三路，进攻倭寇盘踞的三座要塞：蔚山、泗川、粟林。中国援朝抗倭大军的东征军，在中路提督董一元、副总兵张榜率领下，明军分四路向盘踞在朝鲜半岛南部永春、昆阳、晋州、泗川等地的倭寇发起进攻。朝鲜庆尚右兵使郑起龙也率兵两千人与明军组成联军，共同作战。朝明联军英勇杀敌，势如破竹，连连取胜。一日半夜，朝明联军向倭寇盘踞在朝鲜南部的要塞泗川古城发起进攻，被围在城里的日寇打开城门企图夺路逃窜。朝明联军击退倭寇多次反扑后，攻进泗川城，日寇守将川上忠实身中三十六箭而死，数千日寇被歼，日寇在城内的粮草库烧了两天两夜，火光冲天。倭寇盘踞在朝鲜南部的最重要据点被摧毁后，士气低落，其余十几个据点的倭寇“举阵惊骇奔散”，投降者越来越多。

倭寇主帅丰臣秀吉在朝鲜战场节节败退，羞愤积郁，终于在伏见城死去，临死前遗命撤兵。不久，倭寇大将小西行长属下的日寇，在朝明联军的致命打击下企图从海路逃窜回国。逃窜前，为缓兵喘息，小西行长派部下将金银等厚礼送到朝鲜水军节度使李舜臣和明朝水师提督陈璘营中，希望和谈，遭到拒绝。绝望的小西行长向盘踞在泗川新城一带的岛津义弘求救，于是岛津义弘集结了五百余艘船，企图冲破朝明联军的防线，夺路回国。

李舜臣和陈璘的水军正埋伏在露梁津湾一带，当五百艘企图从朝鲜运走残余日军部队的军舰出现时，李舜臣将军亲自驾船擂鼓，率船冲入敌阵，被日军包围。明将陈璘所在的战船也被倭寇军舰包围。年已七旬的明朝老将邓子龙率领壮士两百余人，跃上朝鲜战船奋战，所驾战船不幸起火，邓子龙壮烈牺牲。李舜臣、陈璘杀出重围，相互救援，李舜臣不幸中弹，生命垂危。

露梁海战朝明联军最后获得全胜：击沉日舰四百五十艘，歼灭日军一万多人，日军彻底战败，日本水军大部被歼，陆军残部勉强撤回了日本。长达七年的援朝抗日战争，最终以中朝两国的胜利、日本的失败而告终。

点评

明朝将士抗击倭寇的英勇事迹，为中华民族谱写了一曲抗击倭寇可歌可泣的历史篇章，维护了民族的尊严和国家的主权，成为人们永远纪念的英雄。

萨尔浒大战：一场集中优势、以少胜多的战役

明朝与女真族（满族的前身）的第一次大战就是萨尔浒大战。历史上的萨尔浒一带是北方古老女真族繁衍、生息和清王朝兴起之地。“萨尔浒”是满语，汉语意思为“木橱”，也就是树木茂密的意思，位置在今天的抚顺市。

长期以来，女真族各部互相残杀，你争我夺，迫切需要有人来统一女真族，努尔哈赤就这样应运而生了。经过数十年的努力，努尔哈赤统一了整个女真部落，后来努尔哈赤即汗位于赫图阿拉，定国号为后金。

为了攻打后金，明朝政府任命“熟谙辽事”的兵部右侍郎兼佥都御史杨镐经略辽东，经过半年多的准备，各路明军先后到达。明朝政府认为几路大军一起进攻很快会结束攻打后金的战争。于是杨镐依据明军兵多将广的优势，制定了声东击西、分兵合击的战略。这就是萨尔浒战役。

公元1619年，萨尔浒战役正式爆发。

明经略杨镐、蓟辽总督汪可受、巡抚周永春、巡按陈王庭等共同商定方略：以后金都城赫图阿拉为目标，分进合击，四路会攻。具体部署为总兵杜松率兵担任主攻，由沈阳出抚顺关入苏子河谷，由西面进攻，是为西路军。这一路是属于明军进攻的主力，兵力最盛。总兵马林率所部及叶赫兵为北路军。总兵刘綎率兵会合朝鲜军队为东路军，这路军是

属于诱敌部队。总兵李如柏为南路军。另外，明军还有一支机动部队保障后方交通。总将杨镐坐镇沈阳指挥。

在出师前的二十四日，杨镐竟派人向努尔哈赤下战书，无异于将进军日期告诉了敌人。努尔哈赤得到明军分路来攻的消息之后，准确地判断出杜松的西路军是主力，采取了“凭尔几路来，我只一路去”的集中兵力、逐路击破的作战方针。据此，努尔哈赤将兵力集结于赫图阿拉附近，准备迎战。

西路军于二月二十九日，出抚顺关急进，三月初一抵达萨尔浒。杜松将自己的部队一分为二，以主力驻扎萨尔浒山，亲率万人渡河进攻吉林崖。杜松是明朝的一员猛将，人称“杜疯子”，属于打起仗来不要命的那种，当然，也是属于不用脑子的那种。当时吉林崖虽然只有数百名女真兵防守，但是吉林崖地势险峻，设施坚固，杜松率队数攻不下。此刻，努尔哈赤调大贝勒代善、四贝勒皇太极等率二旗兵增援吉林崖；自己亲率六旗兵进攻萨尔浒一带杜松军主力。三月二日，两军在萨尔浒交战。决战的时候正是午时，但却天色阴晦、咫尺难辨。明军以火把照明，希望通过火炮给后金造成大规模的杀伤，但是因为气候寒冷，天色昏暗，再加上后金的骑兵移动速度极快，而明军的火炮笨重，结果火炮攻击收效甚微，而女真兵正好利用明军的火把，由暗击明，集矢而射，多数命中。奇袭得手，努尔哈赤趁机以优势兵力发动强攻，在大雾掩护下，越过堑壕，拔掉栅栏，攻入明军营垒。杜松军主力死伤甚众，无力反击，四散溃败，萨尔浒大营瓦解。正在吉林崖作战的明军，听到大营已失的消息，军心动摇。杜松虽奋不顾身，督队力战，但是大势已去，他本人被后金兵团团围困，最后中箭落马而死，士卒死亡万余人。

努尔哈赤歼灭西路军，转兵北上，集中力量对付北路军，击败杜松、马林的军队。然后，努尔哈赤立即统帅八旗兵马返回赫图阿拉攻打东路军。东路军将领刘綎中箭身亡，部队大部分被歼。南路军，从三月一日出鸦鹘关，迟迟不进，逗留观望。原来南路李如柏和女真建州有着很深的交情，在明军兵败后，李如柏选择了自杀谢罪。

此役，双方作战五日，女真大获全胜。我们可以来分析一下明军的失误之处：将帅方面，杨镐文人出身，缺乏战争经验，没有能力统筹全局；西路军杜松轻举妄动，贪功冒进；南路军李如柏处境尴尬，用兵迟疑，都是直接导致明军兵败的原因。战略方面，明军采用的是分进合击、四路会攻的战略，但是，却没做到对四路军马进行全面的把握，及时了解战况，各部队能够相互支援，等等，却被努尔哈赤各个击破。与之截然相反的是，女真的努尔哈赤雄才大略，用兵如神。

点评

在这场战争中，女真族的努尔哈赤不畏强敌，表现出了雄才大略、用兵如神的帝王风范，最终取得了战争的胜利。萨尔浒战役正是以弱胜强、以少战多并取得胜利的经典战役。如何面对强大的对手，这场战争给了我们启示。

大沽保卫战：一场惨烈的激战

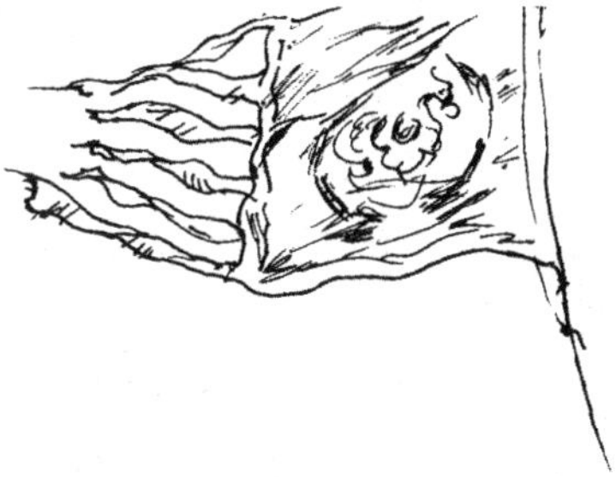

第二次鸦片战争正式爆发后，清王朝兵败如山倒，英法联军进犯大沽炮台。

英法联军的军舰静静地停泊在大沽口岸，宁静的海面下却是暗潮汹涌。五月二十日，联军向守将谭廷襄下了最后通牒。他们决定，这份通牒在交给中国政府两个小时以后，假如答复仍是不满意的话，就要开始进攻炮台。两个小时以后，十点钟，没有答复。五月份的大沽口海风徐徐，风平浪静，然而这样的平静却被一场战争破坏了。大沽清军以炮弹火船招待来犯的英法之敌。

战争开始了，成蝶形的两组军舰冲向大沽炮台。“鸬鹚”号和“雪崩”号位于两支舰队之首，迅速向前冲去。“霰弹”号和“火箭”号追随在“鸬鹚”号之后，攻打南岸的炮台；“龙骑兵”号和“纳姆罗”号追随在“雪崩”号之后，攻打北岸的炮台。

“鸬鹚”号刚一开动，防卫左岸的清军炮台和炮兵阵地的大炮便立即打来了第一批炮弹。轰鸣声在两岸引起低沉的回响，并慢慢地消失在遥远的地平线上。双方的激战很快让一片烟雾笼罩了河流和炮台。通过这片烟雾，联军在平静的白河水面上可以看见到处都有火花在闪烁，这是清军烧着的五十多艘船只，把它们当作放火筏顺流而下，意图烧毁敌舰。不幸的是风向是反的，联军也派出了小艇去把这些放火筏调转方向，让它们搁浅在河岸上，它们的使命就在自己慢慢地焚烧中完结了。

战争是惨烈的。联军舰队凭借大口径火炮，同时对大沽口南、北炮台发起攻击，炮台的设施都遭受了严重的破坏：炮架被打坏了，许多大炮就倒在地上，或炮口都被炸碎，无法使用。然而清军却还没有完全放弃自己的阵地，官兵们继续奔向那些还没有被打坏的大炮。

然而，清军的大炮都是装在不能移动的木架上的，不能自由移动，就难以进行有效的攻击。而且大炮位置都是按照敌舰涨潮时向前航进安设的，清军没有料到英法联军使用蒸汽炮艇在低潮时发起攻击。联军的“羚羊”号在退潮时不慎搁浅了，很糟糕地置身在交战双方之间。很多军官都从帆舰上走过来观看这场战斗。人们很惊奇地看到当每一颗炮弹飞过时，“羚羊”号是如何躲避的。联军看着很多炮弹从空中朝着他们打来，总有人在高喊：“他们在朝着我们开火！”

但是很快这种担心就烟消云散了，因为他们看到炮弹每隔五分钟或十分钟才有规则地打过来，显然都是出自一尊大炮，在越过他们头上后就都落到后面几百码的水中去了。后来才知道，大炮都是固定在不能移动的木架上的。有人说：“考虑到他们的大炮很可怜，中国人的确打得不错。”

虽然守军奋勇还击，击沉敌舢板四只，毙敌近百名，法炮艇“霰弹”号遭到重创，艇长被打死，但在危急时刻，直隶总督谭廷襄、直隶布政使钱忻等带头逃跑。最后，中国兵营归于沉默，并且消失在一片耀眼的烟雾中。

大沽炮台失守，大沽保卫战以中国军队的失败告终。

点评

在大沽保卫战中，清军因为落后的设备和错误的军事指挥，导致失败。但是，我们不能忘记在这场战争中清军士兵的英勇作战和壮烈牺牲，这些烈士值得我们永远怀念。

坎尼之战：军事史上最伟大的战役之一

腓尼基人是闪米特民族的一支，与犹太人和阿拉伯人同属一个民族，根据《圣经》记载，闪米特民族的祖先是诺亚的儿子闪，是非常古老的民族。腓尼基人于公元前8世纪在北非建立迦太基城市。它的对手罗马经过五百年的厚积薄发，到公元前3世纪成为地中海地区一支新兴力量，开始挑战迦太基的霸权。再加上腓尼基人在体貌、文化和信仰上与罗马拉丁民族都有很大区别，所以罗马和迦太基的争斗带有民族战争的色彩，显得异常血腥和残酷。

罗马和迦太基的第一次战争——布匿战争——终于爆发，战争的焦点是对西西里岛的争夺。罗马人在海战战术上推陈出新，发明跳板——一块长木板，一端带有铁钩，罗马战舰靠近敌舰时放下跳板，牢牢钩住敌舰船舷，然后罗马步兵由跳板冲上敌舰搏斗。跳板的发明使罗马人在海战中扬长避短，充分发挥其陆战的优势。罗马依靠这种战术在埃古萨海战中决定性地击败了迦太基海军，结束了第一次布匿战争。

不久，第二次布匿战争爆发。迦太基统帅汉尼拔决定以攻为守，将战火烧到意大利半岛。二十九岁的汉尼拔率领四万大军向意大利进军。汉尼拔大军是历史上第一支翻越阿尔卑斯山脉的军队，此时已经是十月中旬，寒冷的天气，泥泞的道路，以及山地部落的袭击使汉尼拔的部队大量减员，到达意大利波河平原时四万大军只剩下两万六千人。汉尼拔在意大利北部的高卢人部落里招募大量雇佣军，使其兵力重新达到四万人。

在那年冬天的特雷比亚战役中，汉尼拔让弟弟马戈率领精兵两千在战场远端的树丛里潜伏，然后将四万罗马军队引诱进这个预设的战场。当两军激战正酣之际，马戈的伏兵突然猛攻罗马阵线侧后，罗马军队大败，阵亡两万人，被俘一万人。在次年的特拉西米恩战役中，汉尼拔再次引诱罗马军队进入一条夹在特拉斯米恩湖和群山之间的狭长道路，待到罗马军队完全进入伏击圈以后一声令下，埋伏在山林里的步骑兵向正在以纵队行军的罗马军团发动突然袭击，最后将罗马军队分割歼灭，此战罗马军队阵亡一万五千人。

两次战役的惨败沉重打击了罗马人的自信心。罗马元老院破天荒地选举法比尤斯为独裁者，统领罗马军政。法比尤斯性格保守持重，他明白汉尼拔的军事天才罗马无人能比，于是尽可能避免同汉尼拔决战，想通过罗马海军的海上封锁拖垮汉尼拔大军。汉尼拔想尽办法促使罗马军队决战，他在意大利乡村到处烧杀劫掠，企图激起罗马将士的怒火，又时常违反常规行军和宿营，故意显露弱点引诱法比尤斯进攻，但法比尤斯就是不为所动。两军就这样在对峙中度过了一年的时间。

由于不堪汉尼拔的掠夺，罗马决定进行决战。为了与汉尼拔决战，罗马集结八个军团，每个军团五千人，辅以同样数目的同盟部队，一共八万大军，两支军队在意大利南部奥菲多河畔的小镇坎尼相遇，一场大决战终于拉开序幕。

汉尼拔率领大军占据了战场上的有利位置。汉尼拔大军在一个缓坡上布阵，居高临下，坐西向东，位于上风向，左边紧靠着奥菲多河。汉尼拔的两万五千西班牙和高卢步兵组成中央阵营，阵线呈半圆形向外凸出。三千努米迪亚骑兵部署在右翼，七千西班牙和高卢骑兵在左翼。中央阵营两端的后面各有一个五千利比亚步兵组成的密集方阵。汉尼拔已经预料到罗马军队将从中央突破，他的意图就是等罗马军团突破以后，用他最得力的利比亚步兵从两侧夹击罗马军。

大约一公里以外，罗马军队按照惯例排出三条阵线。罗马的连队方阵排得极其厚实，每行十人，有十六行纵深，方阵之间的空隙也小了许多，这样是想利用罗马的优势兵力突破汉尼拔的中央阵营。罗马统帅瓦罗亲率四千骑兵在罗马步兵方阵的左侧，面对三千努米迪亚骑兵，保卢斯率领两千骑兵在右侧，和七千西班牙和高卢骑兵对阵。两支军队不约而同地在阵前部署轻装步兵组成的散兵线。

罗马军队前进到大约三百米的距离时，两军的散兵线开始交火。迦太基巴莱尔轻步兵用弹弓发射的铅弹如暴雨一般打在罗马士兵的盾牌和盔甲上，而罗马轻步兵以标枪的攒射还以颜色。散兵的交锋只持续了一小会儿，就各自撤回本阵，将主战场让了出来。罗马的步兵阵继续以令人窒息的整齐步伐慢慢逼近，直到三十米的距离才停了下来，开始投掷标枪。罗马军队密集的标枪齐射给迦太基前沿的高卢士兵造成不小的伤亡。标枪投掷完毕以后，罗马的步兵方阵突然爆发出惊天动地的呐喊声猛冲上来，在一片震耳欲聋的盾牌撞击声中同高卢士兵杀在一起。双方前排的士兵以盾牌相抵，彼此近在咫尺，用短剑从盾牌下面猛刺对手，后面的士兵则拼命向前推挤。罗马方阵的厚度这时发挥效用，高卢士兵抵挡不住其强大的冲击力，不得不向坡上后退。罗马军队的阵形由整齐的长方形逐渐变成楔形，而连队方阵结构此时已经完全被打乱。

在双方步兵接战的同时，两侧的骑兵也发生激战。迦太基右翼的三千努米迪亚骑兵和这一侧的四千罗马骑兵旗鼓相当，战况胶着；而左翼的七千西班牙和高卢骑兵轻易地击溃了对面的两千罗马骑兵。扫清罗马右翼以后，西班牙和高卢骑兵从罗马阵营后面绕到罗马军队的左翼，夹击这一侧的四千罗马骑兵，很快将其击溃。

此时主战场上战况又有新的进展。迦太基阵线两端的西班牙步兵尚能坚守阵地，但中间的高卢步兵且战且退，已经退到两个利比亚步兵密集阵的侧后。利比亚步兵方阵迅速掉转头来面对突破进来的罗马军队，左右两边分别和西班牙、高卢部队衔接起来，这样迦太基阵线变成一个巨大的U形，将罗马大军三面包围。高卢士兵此时也停止退却，和两侧的西班牙、利比亚步兵一起攻击前进。由于受到来自三面的挤压，罗马阵营里的空间越来越小，最后士兵们摩肩接踵，挤得水泄不通，个个连短剑都已经举不起来。罗马左翼骑兵被击溃以后，努米迪亚骑兵前去追击，而七千西班牙和高卢骑兵来到罗马阵营的后面，完成了对罗马大军的四面包围，战役发展到此时已经变成一场屠杀。

虽然败局已定，罗马士兵仍然斗志顽强，个个死战到底，因而战斗又持续了好几个小时。随着越来越多的罗马士兵倒下，包围圈越来越小，终于一切都结束了。坎尼战役罗马共损失七万两千人，其中包括两万战俘。迦太基方面阵亡六千人。

坎尼战役使罗马丧失了五分之一的青壮年，而贵族阶级更是大为凋零，阵亡的五万罗马士兵中间，罗马骑士团成员达数千人，迦太基士兵从罗马阵亡将士手上取下大量象征贵族身份的戒指，足足盛满了三个大箩筐。

点评

坎尼战役使罗马丧失了五分之一的青壮年，而贵族阶级更是大为凋零，这是这场战争的直接后果。战争永远是残酷的。

马拉松战役：雅典利用地形，智取胜利

体坛著名的长跑项目马拉松源于古希腊一次以弱胜强的战争——马拉松战役。

马拉松平原坐落在雅典东北四十二公里的爱琴海边，面朝阿提克海峡，背后群山环抱。马拉松平原呈新月形，有九公里长，中间最宽处约有三公里。公元前 491 年，波斯皇帝大流士派遣使者到希腊各国索取“土和水”，就是要求希腊各国对波斯表示屈服，但遭到了雅典和斯巴达的拒绝。次年，大流士亲率波斯军队再次入侵希腊，在雅典城东北六十公里的马拉松平原登陆，妄图一举消灭雅典，进而鲸吞整个希腊。雅典在国家生死存亡时刻，只有依靠自己的力量与波斯帝国进行对抗。

古波斯帝国是人类历史上第一个名副其实的大帝国。波斯帝国代表世界古代文明的一个顶峰，波斯人拥有自己的书写系统——楔形文字——和自己独特的宗教信仰——拜火教。波斯王居鲁士统一波斯全境后，开始大规模扩张，在短短的五十年间，除中国以外的所有文明古国，如

埃及、巴比伦、腓尼基、巴勒斯坦、亚美尼亚和北印度等都被波斯征服，沦为波斯的行省或附庸。发动波希战争的波斯王大流士，是波斯帝国秦始皇式的人物，他统一度量衡和货币体系，修建贯穿帝国全境的道路和灌溉工程，并采取措施促进帝国内的自由贸易，使波斯帝国成为古典时代首屈一指的富庶国家。到希波战争前夕，波斯帝国已经控制了所有小亚细亚的希腊城邦，又用武力使希腊周边国家色雷斯和马其顿臣服，希腊在波斯的狂飙突进中宛如汪洋中的一条小船，朝不保夕。

古波斯军队以步兵为主。波斯步兵头戴一顶软帽，身穿色彩鲜艳、做工考究的宽袖长袍和长裤。波斯步兵方阵相当特别，这种方阵一般是十行纵深，每一个纵列代表一个基本战术单位“十人队”，队长站在最前列，装备一面长方形盾牌，和一支约两米的长矛，上身披轻便的鳞片甲；他身后的九名步兵，每人装备一副弓箭和一柄弯刀，一般不披甲。战斗时队长负责抵挡敌人步骑兵的冲击，而身后的九名弓箭手以密集的齐射杀伤敌军，其中只有第二排的弓箭手能够从队长的身旁直射敌人，后面的八人则是对空放箭，射角由前到后逐渐抬高至45度，这样在阵前三百米以内构成弓箭的火力覆盖。当敌人被波斯人的箭雨大量杀伤，溃不成军之时，波斯步兵就开始冲锋，他们将弓收入囊中，拔出弯刀，冲入敌阵近身格斗。

当时波斯军队有十万人，装备精良，还有骑兵，而这个时候雅典军队只有一万人，整个希腊半岛的可用之兵从来没有超过十万人，雅典人派将军米提亚德指挥。

正当雅典军队准备下山列阵时，一支援军出人意料地到达了。这支援军来自希腊小国普拉提亚，多年前雅典曾经帮助他们打退了邻国的侵略，普拉提亚对雅典感恩戴德，这次得知雅典有难，立刻发举国之兵来援。虽然普拉提亚援军只有一千人，但极大地鼓舞了雅典人的士气。

雅典方面参战的一万一千人全部是重装步兵，他们按照惯例在马拉松平原的西侧排出八行纵深的密集方阵。此时正值雨季，马拉松平原只有中间地势较高，没有积水，两边都是泥沼地。为了使雅典的阵线不被波斯骑兵从两翼迂回，米提亚德决定不惜削弱中央方阵的力量，将雅典阵线向两侧延伸，使两边的泥沼地成为天然屏障。这样重新部署以后，雅典的步兵方阵在中央只有四行纵深，而两翼仍然保持八行的厚度。

雅典步兵列阵完毕以后，米提亚德立刻下令冲锋，这时雅典军队距离波斯阵线大约有一千五百米。通常希腊密集方阵先是稳步前进到敌军弓箭射程以内，然后开始高速冲向敌阵。为了不给波斯军队足够的时间组织和调度，米提亚德一开始就命令士兵跑步前进，然后逐渐加快速度，距敌三百米时全速冲刺。希腊步兵表现出极高的训练水平，他们背负着沉重的武器装备，一路狂奔，而阵形丝毫不乱。

波斯人看到兵力悬殊，且没有骑兵掩护的雅典步兵远远地冲了过来，就像是看着一群扑火的飞蛾在自取灭亡。波斯步兵严阵以待，等到雅典人冲到三百米距离时，开始弓箭齐射。波斯人射出的箭密如飞蝗一波接一波地落在高速奔驰的雅典方阵之上，如同雨打芭蕉一般在雅典步兵的盔甲和盾牌上纷纷弹开，不能造成任何伤害。没等波斯人放出几轮弓箭，雅典步兵就已经冲到近前。希腊方阵密集如林的长矛带着巨大的动能猛烈冲击波斯人的盾牌，在一片震耳欲聋的金属碰撞声中，两支军队搏杀到一起。

果然不出米提亚德所料，波斯人两翼的盾牌防线根本承受不住希腊密集阵的猛烈冲击。波斯方阵的队形比希腊方阵疏松许多，为的是给轻装步兵足够的空间弯弓射箭。这样波斯前排每一个持盾的队长必须承受希腊两个纵列十六名步兵的合力冲击。波斯的盾牌防线在如此猛烈的撞击下顿时崩溃，很多人被希腊长矛连人带盾刺穿。前排的波斯队长们力战以后全部阵亡，而将他们身后的轻装步兵暴露在雅典人的长矛之前。失去盾牌保护的波斯步兵们毫不畏惧地拔出弯刀上前格斗，他们三五成群，拼命用弯刀拨开雅典人的长矛，企图靠近肉搏；与此同时，他们后面的步兵仍然在坚持不懈地放箭。但雅典人的密集阵前四排的长矛重叠向前，波斯人即使能拨开第一排长矛，也很难躲过接踵而来的后三排长矛的攒刺。这样波斯步兵前仆后继浴血奋战，但始终无法靠近一步。波斯骑兵本想迂回到雅典阵线后面，但雅典方阵的两翼几乎是紧贴着平原两边的泥沼地，波斯骑兵根本没有机动的空间。无奈之下，他们只好以紧密队形冲击雅典人的方阵，但由于缺乏盔甲保护，结果也是纷纷倒在雅典方阵的矛下。面对雅典人无坚不摧的凌厉攻势，波斯士兵的战斗意志开始动摇。波斯军队的两翼渐呈溃逃之势，雅典军队的两翼开始向中央包抄过来，夹击波斯军队的中央方阵，而后退的雅典中央方阵也乘机杀了回来。会战到这个时候波斯军队败局已定。雅典人一直将波斯军队追到海边，最终波斯人在损失七艘战舰以后，大部队得以安全撤退。

此役波斯军队共阵亡六千四百人，而雅典方面仅仅阵亡一百九十二人。双方阵亡数字的悬殊差距充分体现了希腊密集阵对波斯方阵的压倒性优势。

为了把胜利喜讯迅速告诉雅典人，米提亚德派士兵斐力庇第斯去完成任务，当他以最快速度从马拉松跑到雅典中央广场，对着盼望的人们说了一声："大家欢乐吧，我们胜利了"之后就倒在地上牺牲了。为了纪念马拉松战役的胜利和表彰斐力庇第斯的功绩，1896 年在雅典举行的第一届奥林匹克运动会上，增加了马拉松赛跑项目。于是马拉松这个运动项目就一直成为奥运会的传统项目保持至今，让我们目睹了无数运动员的风采。

点评

马拉松战役中，雅典人以少胜多，以弱胜强，终于打败了敌人，取得了鼓舞全希腊人的胜利，树立了雅典人的信心，对以后各个战役都产生了重要的作用。一个民族的崛起和屹立，信心在其中起着重要的作用。

二 战 篇

中国空军重创日本航母

1937年8月13日，日本发动了对上海的进攻，中国军民打响了著名的淞沪抗战。为尽快摧毁中国的防御力量，日本调动了庞大的海军舰队配合作战，并将“加贺”号和“龙骧”号等四艘航空母舰开到中国东南沿海，出动舰载机支援日军在上海的作战。

淞沪战役打响之际，中国海军在江阴用沉船建立了一道坚固的阻塞线，并出动舰队阻止日本海军沿江西上。为了打通长江航线，日军从8月下旬开始，不断出动飞机对阻塞线实施轰炸，成群的飞机从日军航母上起飞，飞临江阴上空，将国民党海军第一舰队几乎所有的舰艇炸沉，打通了长江航线。在以后的作战中，日本航母经常出没于中国的东南沿海，配合陆上的作战行动。日本当局狂妄地叫嚣，依靠这样的军事力量，在三个月之内就可灭亡中国。

日军的暴行激起了中国军民的强烈愤慨。中国海空军不顾与日军力量的悬殊差距，频繁出动舰艇和飞机，对敌舰实施袭击。1937 年 8 月下旬，中国海空军分别袭击日本舰队旗舰“出云”号，将其炸伤。

1937 年 11 月，中国空军得到情报，日本“龙骧”号航空母舰出现在浙江舟山群岛以北海面上。“龙骧”号是侵华日军第三舰队的主力舰之一，在中国犯下了滔天罪行。该舰长一百七十五米，宽二十米，满载排水量一万多吨，能搭载战斗机、攻击机和轰炸机共四十八架。它于 1933 年 5 月 9 日竣工，是当时日本海军拥有的航空母舰中较新的一艘。

“龙骧”号停泊于东海和黄海的要冲，这一地理位置扼南北航线咽喉，对东南沿海中国军队的防御构成极大的威胁，就连国民政府首都南京也时常遭到“龙骧”号上飞机的轰炸。日军自恃拥有制空权，因此尽管处在中国空军攻击范围之内，“龙骧”号航空母舰却大摇大摆地在中国近海游弋，并且几乎毫无防备。

“龙骧”号出现的情报被立即上报给国民政府军事委员会。蒋介石对此十分重视，当即命令空军实施轰炸，击沉“龙骧”号。11 月 11 日拂晓，南京机场响起一阵轰鸣声，轰炸机队队长徐卓元下达了出击的命令，三架美制“诺斯罗普”式轰炸机呼啸着向东南方向飞去。

凌晨 6 时整，轰炸机编队呈人字形飞临海面上空，在 8000 米的高度，机长徐卓元发现了目标。他仔细观察，看清“龙骧”号的烟囱正冒着浓烟，甲板上一字排列着几十架飞机。“发现目标，降低高度！准备攻击！”徐卓元兴奋地下达了命令。轰炸机编队迅速降低高度，7000 米、6000 米、5000 米……它们在“龙骧”号上空盘旋了一阵后，开始俯冲投弹。

轰炸机队的全体官兵在出发前人人都写了“绝命书”，他们发誓，如果遭到日军高射炮和战斗机的攻击而无法投弹时，就驾机与敌人同归于尽，因此，已将生死置之度外的他们飞得很低，几乎枚枚炸弹都命中目标。顿时，巨大的爆炸声划破了海面的宁静，滚滚浓烟腾空而起。停在日舰甲板上的飞机顷刻间淹没在一片火海中，有的当即被炸弹击中，有的则被爆炸的气浪掀翻，坠入大海，只有少数几架敌机紧急起飞，逃过一劫。甲板上的日本水兵在极度混乱中，有的爬上救生艇逃命，有的则慌不择路跳入大海。徐卓元见轰炸目的已基本达到，立即下令返航。

不料，返航的命令下达了不到10分钟，徐卓元便发现身后有六架敌机尾追而来。原来，日军遭到轰炸后，立即出动战斗机，对中国轰炸机实施攻击。徐卓元命令机队边用机炮与敌格斗，边爬升高度急速向西北方向撤退。尽管如此，仍然有两架轰炸机被敌击中，它们拖着浓浓的黑烟，坠入东海，有四位勇士壮烈牺牲。

中国空军重创日本航母的消息引起了举国轰动，各大报纸以醒目的标题对这次行动进行了报道："敌一母舰被我轰炸，十三敌机着弹起火。"

这次突然袭击虽然付出了一定的代价，也未将"龙骧"号炸沉，但摧毁了十三架敌机，严重破坏了"龙骧"号的舰体，使其不得不驶回日本本土花费了两个月的时间进行修理。

点评

这次袭击的重要意义是，在敌我空中力量极为悬殊的情况下，中国空军的成功出击沉重地打击了日本侵略者的嚣张气焰，极大地振奋了民族精神。

南京之谜：一个被蒋介石深深坚守的秘密

中国台湾省珍藏的抗战史料可以为我们揭开许多抗战中的不解之谜。1937年上海淞沪会战失利之后，蒋介石为什么明明知道南京守不住，还一度主张坚守南京？人们猜测的原因是，南京当时是国民政府的首都，孙中山的陵墓也在南京，如果守不住，蒋介石没法向国人交代，但中国台湾省史料却显示了一个更隐秘的原因，就是蒋介石寄望于在南京坚守几个月就能等到苏联出兵。

当时在国际列强中，苏联是唯一表示愿积极支持中国的国家。1937年11月，苏联党和国家重要领导人伏罗希洛夫元帅告诉在莫斯科的中国军事代表团：在中国抗战到达生死关头时，苏联当出兵，决不坐视。11月30日，蒋介石致电伏罗希洛夫及斯大林表示感谢："中国今为民族生存与国际义务已竭尽其最后、最大之力量矣，且已至不得已退守南京，唯待友邦苏俄实力之应援，甚望先生当机立断，仗义兴师。"当时，蒋介石将苏联出兵看成挽救危局的唯一希望。为鼓舞身边的高级将领，蒋曾电令新任命的南京卫戍司令长官唐生智："如能多守一日，即民族多加一层光彩。如能再守半月以上，则内外形势必一大变，而我野战军亦可如期来应，不患敌军之合围矣!”蒋所说的“内外形势必一大变”的“外”，包含苏联出兵在内。

蒋希望借助苏联的力量抵抗日本的侵略，所以才提出坚守南京，但是，这个愿望却是不合实际的，成为一纸空谈。

点评

我们不得不说时间与蒋介石开了一个天大的玩笑，也正是如此，我们才更会想到战争取胜的三个因素：天时、地利、人和，三者缺一不可。

日本空军"四大天王"被击毙

中国战场的抗日战争是世界反法西斯战争的重要组成部分，中国军民以近三千五百万人伤亡和近五千亿美元物质损失的代价，拖住了日军近百分之七十的兵力，为盟军取得战争的最后胜利做出了不可磨灭的贡献。

1937 年 8 月 13 日，日军大举进攻上海，当日下午 14 时，中国航空委员会发布《空军作战命令第一号》，命令中国空军投入战斗。

8 月 14 日中午，中国空军第四大队在大队长高志航的率领下刚刚飞抵杭州笕桥机场，就接到日军九架轰炸机突然来袭的消息。还没来得及补充油料的中国空军战机立刻升空迎敌。此时，日军飞机正在空中"漫步"，左顾右盼地寻找攻击目标。高志航一马当先，迎着一架日机猛扑上去。骄横的日机毫不示弱，也迎头冲来。眼看两机就要相撞，胆寒的日军赶忙躲避。就在这一瞬间，高志航成功"咬"住了敌机的尾巴，射出复仇的子弹。敌机应声爆炸，变成一团火球坠落下去。亲眼目睹大队长击落敌机，中国飞行员信心大增，很快与日机混战成一团。在日本飞行员看来，中国飞行员的攻击异常凶猛，哪里是在进行空战，简直是在进行“空中拼刺刀”。

笕桥空战不但戳穿了日本空军不可战胜的神话，而且震动了整个世界。在之后几天里，日军组织疯狂反扑，但一再遭受重创，日本鹿屋航空联队队长石井义大佐也因为无法交差而剖腹自杀。

南京沦陷后，得意忘形的日军开始进犯武汉三镇。1938 年 2 月 18 日，日军出动三十八架战机直扑武汉。但在短短 12 分钟的空战中，日机就被中国空军击落十二架。

4 月 29 日是日本的“天长节”，即天皇的生日。为庆祝天皇生日，日军决定再次空袭武汉。然而，此前中国空军已从一名被击毙的日军飞行员的笔记本中获悉了这一重要情报。不明就里的日军出动三十六架重型轰炸机，在十二架战斗机的掩护下，一路杀气腾腾飞临武汉。

日机群刚一进入武汉上空，中国空军的九架战机就奋勇突入敌编队之中，与敌展开空中“肉搏”战。开战不到 5 分钟，飞行员陈怀民首先击落一架日机。接着，他一拨机头，又盯住了 1 架敌机。另外五架日机发疯似地扑了上来，猛烈地向陈怀民射击。陈怀民的战机多处中弹，在这千钧一发之际，他本可跳伞求生，但他毅然开足马力，向附近的一架敌机高速撞去。只听“轰”的一声巨响，两条火龙翻滚着落向地面。在陈怀民英雄壮举的鼓舞下，中国空军越战越勇，经过 30 分钟激战，一举击落日机二十一架，而中方仅损失战机二架，负伤三架，取得了抗战以来最辉煌的空战胜利。次日，闻讯的冯玉祥将军被陈怀民的英雄事迹深深感动，写诗赞道：“舍身成仁同归尽，壮烈牺牲鬼神泣。”

直到 5 月 31 日，日军又出动三十六架战斗机和十八架轰炸机袭击武汉，但又被击落十四架。至此，中国空军在武汉空战中已经击落日机四十七架，不但狠狠打击了日军的嚣张气焰，也大大鼓舞了中国人民的抗战士气。

在被中国空军击毙的日军飞行员中，有许多是王牌飞行员。其中，三轮宽少佐、山下七郎大尉、潮田良平大尉和南乡茂章大尉，是日军通过多次评比选出的四名最优秀的飞行员，号称“四大天王”。然而，日军做梦也想不到，“四大天王”竟在短短的一年时间里面，先后被年轻的中国空军送上西天。

最先丧命的是享有“射击之王”和“攻击能手”美誉的三轮宽。他曾多次率机攻击北京、保定、石家庄和大同等地，犯下累累罪行。1937年9月21日，三轮宽率领轰炸机和战斗机二十一架轰炸太原。中国空军第二十八中队中队长陈其光奉命率四架战机起飞拦截。空战中陈其光咬住一架日机。尽管敌机使出浑身解数，企图逃脱，但陈其光始终咬住不放，并抓住时机果断开火。敌机中弹后迫降在一块麦田里。日机驾驶员被闻讯赶来的当地农民一阵乱棒打死。后来，在清理遗物时才发现，原来死者就是三轮宽。

仅仅五天后，日军另一王牌飞行员山下七郎也被击毙。9月26日，山下七郎驾机掩护轰炸机群轰炸南京。在苏州附近，日机群遭到中国空军的拦截。激战中，山下七郎的战斗机中弹，迫降后被俘。顽固不化的山下七郎趁看守不备越狱逃跑，但很快被捉回并被枪决。

第三个被击落的是号称“东方红武士”的潮田良平。1938年1月7日，他在南昌上空被中国飞行员徐葆畇击落殒命。

最后一个被击落的是南乡茂章。被誉为“四大天王”之首的南乡茂章，根本不把中国飞行员放在眼里，一再扬言要替其他三个“天王”报仇。1938年7月18日，南乡茂章率机轰炸南昌，在鄱阳湖上空与中国空军展开空战。战斗中，中国空军的一架飞机不幸中弹，但这名英勇的飞行员没有跳伞求生，而是驾驶受伤的战机向南乡茂章的座机撞去。南乡拼命操纵飞机想躲开，但为时已晚。随着“轰隆”一声巨响，两机双双坠落于鄱阳湖中。

至此，日空军著名的“四大天王”全被中国军队击毙。

据统计，在抗日战争期间，年轻的中国空军共出动战斗机近两万架次，轰炸机二千六百余架次，作战四千余次，空战击落日机五百余架，炸毁地面日机近六百架，共计一千余架。

点评

中国军队击毙日空军著名的“四大天王”的行动，不但打破了日本帝国主义吞并中国的黄粱美梦，而且有力地支援了世界反法西斯战争，并为战争的胜利做出了自己的贡献。

血战台儿庄回放

1938年3月至4月，在抗日战争的徐州会战中，中国第五战区部队在山东省南部台儿庄及其附近地区对日军第二军所部进行作战。日军第十师团濑谷支队攻占滕县和临城后，于3月19日占峄县。23日，濑谷支队以步兵一个大队，炮兵、装甲各一个中队组成沂州支队，由临城向临沂方向前进，以支援第五师团坂本支队作战；另以一个大队附野炮兵一个中队向台儿庄前进；支队主力集结在峄县附近。增援津浦路（天津至浦口）北段作战的中国第二十军团，在日军攻占临城、枣庄、峄县和韩庄后，转移至峄县以东日军之侧翼地区。3月19日，中国第五战区令第二集团军主力调台儿庄，一部调运河南岸防御。23日，该集团军第三十一师主力抵台儿庄附近设防，一部在泥沟、康庄、獐山附近警戒；独立第四十四旅和第一一〇师担任台儿庄至韩庄之间运河南岸的防御。同日，日军濑谷支队步兵第六十三联队第二大队由峄县南下向台儿庄攻击。中国第二集团军第三十一师逐次抵抗。24日凌晨4时，孙连仲总司令到达台儿庄，在运河南岸的韩家寺指挥作战。24日，日军在飞机支援下对台儿庄反复攻击。守军第三十一师将日军迭次攻击均予击退。当日傍晚日军突破台儿庄城墙东北角，又被守军驱逐。25日，攻击台儿庄的日军得到步兵两个中队和重炮两门的增援。26日，第二集团军令第三十师以一个团接替台儿庄及顿庄间运河南岸防务。27日凌晨5时，第二十七师一部开始向台儿庄以北刘家湖一带日军攻击。这时，日军也同时继续攻打台儿庄，并于晨7时50分攻占台儿庄东北角，受到守军顽强抵抗和包围攻击。28日晨，日军得到增援后，再次猛攻台儿庄，攻占台儿庄西北角一部，但受到守军的反击和围攻，损失惨重。29日，日军攻占庄内东半部。在临沂方面作战的日军坂本支队奉令增援台儿庄作战。该支队除留一部在临沂方面外，主力于29日夜南下。30日，濑谷支队步兵第十联队也由峄县附近南下，于当日下午到达台儿庄以西范口附近。31日，台儿庄及其附近日军已被第二集团军和第二十军团第五十二军完全包围。正在围歼之际，日军坂本支队到达向城、爰曲，对第五十二军侧背形成威胁。于是第五十二军留一部在台儿庄附近作战，主力转向爰曲、向城。4月1日，第五十二军迂回作字沟攻击日军坂本支队侧背，并于2日克服作字沟。日军坂本支队除留一部在爰曲、兰陵附近抵抗外，主力向台儿庄方向前进。3日，第五战区令第二十军团和第二集团军对日军发动总攻。总攻开始以后，日军顽强抵抗。4日，中国空军以飞机27架分两批轰炸泥沟车站和台儿庄东北一带日军。中日两军在台儿庄内外及其东北地区激战至6日，日军已处于完全被歼的危险境地。当日夜，日军濑谷支队突围向峄县撤退。随即坂本支队也脱离战场退向郭里集南面地区。中国军队发起追击，台儿庄战役结束。此战，中国军队击败日军第五、第十两个精锐师团，歼敌一万余人，缴获大批武器、弹药。

台儿庄战役虽然取得了胜利，但是由于敌强我弱，加上国民党政府实行片面抗战路线和单纯防御的方针，在其他战场，国民党军队却节节败退，抵消了胜利的成果，也未能改变正面战场失败的被动局面。在日本的步步紧逼之下，最终国民政府不得不迁都重庆。

点评

台儿庄战役是抗战以来国民党正面战场取得的重大胜利，它严重地挫伤了日军的气焰，粉碎了日本“三个月灭亡中国”的计划，振奋了全民族的抗战精神，坚定了国人抗战胜利的信念。

纸片轰炸：中国空军的奇迹

日本不断地侵略中国，终于惹怒了国民党政府。1938 年 5 月 19 日夜间，国民党政府空军出动两架“马丁”B－10 型轰炸机，远征日本本土，投下一百多万份传单，对日本侵略者发出了严正警告。这是日本有史以来第一次被外国飞机轰炸袭击，也是世界航空作战史上绝无仅有的“纸片轰炸”。长崎被惊呆了，日本被惊呆了。

1938 年 5 月 20 日，日本沿海城市长崎。凌晨，一家寿司店的老板打开店门，发现门前的街道上到处都是白色的纸片。老板拾起几张纸片，上面印着：“尔国侵略中国，罪恶深重。尔再不训，则百万传单将一变为千吨炸弹。尔再戒之。”

传单是从哪里来的？难道这些传单是从中国来的？长崎地处日本九州，与中国内地遥隔千里，只有飞机才可能飞过海洋，到长崎投下这么多的传单。这说明日本政府所称本土防卫严密、固若金汤根本不可相信。日本安保部门立即在辖区内进行搜索，并将传单交由制纸工厂进行化验，证实传单的确来自中国。这就是中国对日本的“纸片轰炸”事件。因为这是第二次世界大战中，反法西斯阵营对日本本土进行的首次空袭，所以很快轰动了全世界。

1937 年 12 月，南京失陷，国民党政府迁都重庆，武汉则成为重庆政府的政治、军事中心和作战物资主要集散地。为此，日本航空兵加紧对武汉实施空袭，不断进行狂轰滥炸。面对气焰嚣张的日本侵略者，中国空军决定飞越东海远征日本本土，以此来警告日本当局。

当时中国空军装备的飞机中航程最远的也不足一千公里。而日本本土防空戒备森严，部署了大量战斗机和地面防空部队。在当时的轰炸机没有自卫武器的情况下，中国空军又没有合适的战斗机给轰炸机进行护航。这样到日本去执行空袭任务，就等于是“赤手空拳”上阵。原计划这次东征由外籍飞行员担当重任，但外籍飞行员却称执行这项任务风险太大，提出了让国民党政府无法接受的天价酬金。于是，国民党政府决定改由中方飞行员来执行这一任务。在成都凤凰山基地经过一个多月的秘密训练，最后敲定，由徐焕升 1403 号机组（徐焕升正驾驶、苏光华副驾驶、刘荣光领航、吴积冲通信员）和佟彦博 1404 号机组（佟彦博正驾驶、蒋绍禹副驾驶、雷天春领航、陈光斗通信员）执行任务。他们各驾驶一架“马丁”B—10 型轰炸机。这种飞机最大速度为每小时 343 公里，航程为 900 公里。为了增大航程，还对飞机进行了改装，把轰炸机的炸弹舱改装为一个大型的油箱。

由于当时技术条件的限制，飞行员只能依靠目视导航并发现地面目标。因此，对日本轰炸就必须选择一个月光皎洁的夜晚。远征机组的成员都在期盼一个好天气。5 月间正值长江流域梅雨季节，气候变幻莫测，而我方又没有日本本土气象资料，只好逐日抄录东亚各地气象报告进行推测，数日归纳的结果是：在月圆望月前后难以出现良好天气。由于武汉战局日紧，一旦延迟不知道还有没有机会执行远征，徐焕升队长干脆直接飞赴前进基地宁波，依靠自己长期海上飞行的经验，从当地直接观察、推测东海洋面气候变化。1938 年 5 月 19 日，总部终于下达了“立即执行任务”的命令，飞行员们接到通知后，驾驶着当时中国仅剩的两架远程轰炸机，向东飞去。1938 年 5 月 19 日，汉口机场。为了保密，地面上没有送行的人。15 时 23 分，两架飞机飞行了两个小时，降落在宁波机场。因为从武汉到日本再返回武汉超过了“马丁”B—10 型轰炸机的最大航程，所以飞机要在宁波“转一次车”——补加燃油。

5 月 20 日 2 时 45 分，两架飞机飞临日本长崎上空。炸弹仓开启，“纸弹”飞向地面。两架飞机在长崎撒完传单后，又折向福冈方向，总计在日本本土撒下的传单超过一百万张。直到此时，日本的防空部门才“大梦初醒”，对福冈实行灯火管制，全城一片漆黑，地面高炮也猛烈开火，但两架飞机毫发无损地从长崎附近脱离日本领空出海，胜利返航。

汉口王家墩机场，国民政府行政院长孔祥熙、军政部长何应钦，中共中央和八路军驻武汉办事处代表周恩来、王明、吴玉章、罗炳辉等亲自来到机场迎接。

空军东征归来，孔祥熙在机场与队员合影。尽管这次被称作“纸片轰炸”和“人道远征”的空袭，没有改变日本侵略中国的行径，但却彻底打破了“大日本神圣领空不可入袭”的妄言。这是日本有史以来第一次遭到外国飞机的入袭。

周恩来、王明、吴玉章亲自到国民空军司令部，对凯旋的中国空军人员进行慰问，并敬献锦旗一面，上面写着八个大字：“德威并用，智勇双全。”周恩来还发表了讲话，赞扬他们的成绩和英勇行为，为中国人长了志气。

点评

纸片轰炸虽然没对日本造成实质性的伤害，但是，它重创了日本灭亡中国的野心，向世界显示了中国人民坚决抗战、保卫家园的决心。

南京政府的消耗战回放

1938 年 8 月 27 日，以日军进攻安庆为开始的武汉会战已经持续了两个多月。在这次战役中，国民政府最高领导人蒋介石作出了与日本进行消耗战的重大战略决定，也是消耗战的一次成功演习。

南京陷落之后，蒋介石和国民党高级将领都认识到：第一，对日作战是持久战。第二，不能只依靠阵地战，要发展游击战等其他战争形式。第三，要发动人民。蒋介石在南京失守后的《告全国人民书》中明确提到，要动员全国人民群众，依靠广大乡村，但是他没有办法做到这一点。战争教训已经让国民党的国内政策开始调整，而国共合作保卫大武汉的时期，正是蒋介石政府全面调整国内政策的时期。蒋介石政府战略方针的调整来自淞沪与南京两次会战的惨痛压力，美国著名传记作家布赖恩·克罗泽的《蒋介石传》则认为，“蒋介石对 1812 年沙皇俄国胜利地粉碎拿破仑入侵一事印象颇深”，促使他制定了被称为“以空间换取时间”的战略。

实际上，经过两次会战的反思，下级将领们对他压力极大，而毛泽东的《论持久战》于这一年 5 月至 6 月发表，中共代表叶剑英也在《目前战局与保卫武汉》中，依据当时形势表达了持久战的观点，经过半年来的艰苦抗战，证明敌军在各方面的进攻，不论在战略上或在战术上，都很机动地采用包围或迂回。武汉处天下之中，依今天的形势看来，隐然亦俨然的为中华民族精神所寄托。首先要把津浦、陇海、平汉、同浦各线上的抗战军，在政治上重新动员起来；其次把河南全省的民众动员起来，为保卫自己的家乡——河南——而参加作战，按照战区长官作战方针，进行彻底的坚壁清野，不给敌人以口粮，不给敌人一头牲口，彻底破坏可为敌人利用进攻我们的大小道路，消灭各乡各村的大小汉奸，封锁我们的军事消息，组织我们的游击队杀到敌人后方去，破坏敌人的远近后方，袭击或消灭敌人的后方联络部队，破坏敌人的无线电台及其一切通信工具。

蒋介石在这样基础上将战略决策调整为：当敌人进攻时，中央军就向后撤退，实行焦土政策，把既没有食物也无栖身之处的地方丢给侵略者，不求迅速决战。这样日本将深深地陷入中国广阔的内地，到一定时期日军的战线就会过度延伸，它的交通线将达到并超过其后勤补给的最大限度。中国军队的目的是将日军拖得精疲力竭、精神崩溃。蒋介石称，“全国军队之后退，绝不能谓为日本之胜利”“我们采取的是持久战略，以空间换取时间，以时间达到消耗敌人的目的，从长期的消耗战中来争取最后的胜利。”武汉会战成了蒋介石消耗战略的一次彻底的演练。

点评

以蒋介石为首的国民政府在抗战中根据战场形势的发展，充分发挥优势力量，因地制宜地制定了正确的战略方针——消耗战，为抗战的胜利打下了良好的基础。

二战著名的不列颠大空战回放

英国首相丘吉尔曾说："战争史上，从来不曾有过如此众多的人（英国民众）从如此少的人（皇家飞行员）那里获得如此多的好处"。这句话说的就是二战著名的不列颠大空战。

希特勒用闪电战席卷西欧大陆，法国败降后，英伦三岛成为孤悬海上的一叶方舟，飘飘摇摇，但在其首相丘吉尔的顽强领导下，并没有放弃战争的念头。希特勒在 1939 年秋决定向西欧发动攻势时，却并未想到侵入英国的问题，他天真地相信法国一旦被击败后，英国就会接受和谈。于是他从 1940 年 6 月中旬到 7 月中旬频频向英国人摇晃橄榄枝，还通过瑞典和梵蒂冈教廷向伦敦做出和平试探。但他听到的回答始终是一个坚决的"不"字。

丘吉尔断然拒绝妥协的态度使希特勒有点进退两难。他念念不忘进攻苏联，对英国既不想打又不能不打，看来还是要先打一下逼它讲和，然后再转身攻打苏联。于是，对英作战计划开始形成，这个作战被定名为"海狮作战"。1940 年 7 月 16 日，希特勒发布训令："由于英国尽管在军事形势上已是毫无希望，可是一直到目前为止，却仍未表示愿意妥协，所以我决定准备对英国执行一个登陆战……这个作战的目的是要消灭大不列颠这个基地，使敌人不再能从此发动对德国的战争"。

希特勒的"海狮作战"计划，是准备用三十九个师的兵力在宽广的正面上，以奇袭为基础实施登陆，第一波登陆兵力为十三个师。此外还要在海峡各港口内集中驳船一千七百余艘，拖船四百多艘，摩托艇一千余艘，一切的准备均应在8月中旬完成。

“海狮作战”说起来容易，做起来难。如果单靠德国陆军的力量，他们能在一周内击溃英国软弱无力的陆军，但他们必须渡过由英国占优势的海军日夜守卫的英吉利海峡，且德国陆海军在两栖作战方面既无经验也没受过训练。事实上，除空军司令戈林外，希特勒及其陆、海、空三军将领们没有一个人对于“海狮作战”是存有信心的。希特勒曾私下告诉伦斯德说他并不想真正招待这个“海狮作战”。戈林却对希特勒夸下海口：只用空袭便可征服英国。于是，希特勒决定等到德国空军对英国实施集中攻击后，才确定登陆战应该在9月发动，还是应延期到1941年5月间再发动。这样，“登陆作战”实际上降到了配角地位，空战便成了此战的主要特点和唯一特点。

1940年8月6日，戈林制定了打击英国军事目标、彻底消灭英国空军的“飞鹰”计划。为此他集结了各种作战飞机二千六百余架，其中轰炸机一千余架，俯冲轰鸣机三百四十余架，单引擎战斗机九百三十余架，双引擎战斗机三百七十余架。英国空军则共有作战飞机一千三百余架，其中战斗机七百余架，轰炸机六百四十余架，其司令为道丁上将。德国空军在数量上占有二比一的优势，不过在形势上却居于不利地位，它必须在海上和敌国领土的上空作战，若是一架飞机被击落了，则其飞行员也就永远的损失了；它也不能获得高射炮火的支援；德国的梅塞希米特式战斗机所具有的爬高速度，也比英国的喷火式战斗机较慢，而最重要的是英国空军能够获得雷达的合作，而德国空军则完全缺乏这种帮助。此外，英国还获得了一部德国最高层的密码机“依密码”，德国人竟然一无所知，英国人借此破译了德军差不多全部的重要通信。

1940年8月15日德国出动轰炸机五百二十余架次，歼击机一千二百余架次，向英国主要目标全面出击。中午刚过，英国南部上空，英国空军的“喷火”式和“飓风”式战斗机与德军的约六百架轰炸机展开了世界战史上空前规模的大空战。在这一地区，轰炸机隆隆轰鸣，战斗机腾升俯冲，穿梭交织，枪炮声惊天动地。德机尽管占据数量上的优势，但空战能力却很差，不一会儿，德国轰炸机便一架一架地中弹坠地。下午4时45分，德军的约二百架飞机最终还是冲破了英国空军的阻击，向北部飞去。这时，在中部地区的一百七十架“喷火”式和“飓风”式战斗机立即迎击德机编队。从德机后方飞来的是英国的“喷火”式飞机，它们从德机编队上方向下俯冲。这些飞机刚冲过有效发射阵位便又重新拉起，迅速上升转弯，占领有利位置，准备再次攻击。针对德机调整后的密集队形，英机采用了分别夹击殿后轰炸机的战术。这样一来，德军无计可施，只得转弯躲避，编队被打乱了。英国战斗机乘机追击四处逃窜的“容克”飞机，英军的“猎兔战”开始了。德国轰炸机陷入了一片混乱的逃亡之中。

当英格兰南部上空空战正酣时，英格兰北部上空也展开了激烈的厮杀。德军第一波八十四架飞机距离英格兰海岸线还有大约四十公里时，英国的“喷火”式战斗机出现在他们的左前方。飞在最前面的德军战斗机大队大队长雷斯特曼上尉还没来得及率队做出反应，一架英国“喷火”战斗机就把他打进了大海。几分钟后，英国飞机从四面八方向德机发起了全面攻击，双方展开了你死我活的拼杀。这次空战英军以损失三十四架飞机的代价，击落德机七十六架。

希特勒在空战中没有占到便宜，恼羞成怒，接连对伦敦进行了多次闪电空袭。9月15日下午，德空军大举出动，对已被炸得残破不堪的伦敦城实行大规模的空袭。但德机还没进入伦敦上空，数百架英战斗机就迎面扑来。英战斗机不顾德国战斗机的拦截，露出了少有的凶狠，对德轰炸机进行围攻，使这些轰炸机在失去保护的情况下，被英战斗机一架一架地击落，只有少数仓皇逃窜。当德国的轰炸机逃去后，英战斗机又扑向德国战斗机。德国战斗机怕受到围攻，急忙掉头往回飞去，但英战斗机紧咬不放，在追击途中又击落了多架德战斗机。就在英国战斗机与德国空军死拼的同时，英国还出动了所有的轰炸机，对德国集结在海峡对岸的舰艇和地面部队、港口和码头实施了猛烈轰炸。这一天成为整个战役中战斗最为激烈紧张的一天，英国空军共击落德机一百八十余架，自己仅损失二十六架。

在1940年7月至10月“不列颠之战”最紧张激烈的4个月中，英国共损失作战飞机九百余架。但英勇善战的英国飞行员也给纳粹造成了无法承受的损失。纳粹德国丧失飞机一千七百余架，是第二次世界大战开战以来第一次严重受挫。

不列颠大空战是德军在第二次世界大战中首次失败的战役，未达到征服英国的预期目的。英国则成为日后欧洲抵抗运动和盟国反攻欧洲大陆的基地。因此，德国进攻苏联后，始终处于两线作战的境地，为他日后的战败埋下了深深的隐患。

点评

不列颠大空战是德军在第二次世界大战中首次失败的战争，未达征服英国的预期目的，为其日后的战败埋下了深深的隐患。侵略战争是违背历史的。

日本奇袭珍珠港

第二次世界大战打响后，几乎所有的国家都参加了这场战争。但是大洋彼岸经济实力最雄厚的美国却坐山观虎斗，坚决不加入这场战争。英国首相丘吉尔为了使美国参战，费了九牛二虎之力，也只搞到一个《租借法》，而日本人袭击美国珍珠港的行动却使美国人不得不痛下决心投入这一场全球战争。

1940 年春夏之际，希特勒以“闪击战”横扫西欧，荷兰和法国相继败降，英军退守英伦三岛，美国仍持孤立主义在大洋彼岸置身事外。日本人认为这是向南推进，夺取英、法、荷在东南亚的殖民地并攫取战略资源的大好时机。于是，日本朝野上下爆发出阵阵“不要耽误了末班车”的嚣叫。

1940 年 9 月 27 日，日本与德、意签订了三国同盟条约，矛头直指美、英。然而日本海军联合舰队司令官山本五十六海军上将却对此忧心忡忡，认为凭日本的工业，根本不能与美国为敌，同其抗衡。他说：“如果（日、美）非打不可，在开始的当年或一年中可以奋战一番，并有信心争取打胜。但如果战争持续下去，以至拖到二年三年，那就毫无把握了。既然三国同盟条约已经缔结，只有破釜沉舟背水一战了。尽管如此，我还是恳切希望政府能设法回避同美交战。”

山本深知，对日本要占领东南亚的目标来说，最大的威胁是美国。一旦日、美开战，美国太平洋舰队主力必然会从珍珠港出击，从侧翼对日军的东南亚进攻进行牵制，那么日本的南洋舰队势必掉头迎战。因此，为了便于南进，迅速获得急需的战略资源，首先必须去掉后顾之忧，先拔掉珍珠港这颗美国鲨鱼的牙齿。一旦摧毁美太平洋舰队主力，日本就可以在美国恢复元气、完成反攻准备之前，从容不迫地占领太平洋及印度洋所有重要据点，夺取南洋丰富的战略资源，迫使美国订立城下之盟。

1941 年 2 月，山本把袭击珍珠港的想法告诉了参谋长大西泷治郎海军少将，指示他对该设想秘密进行研究并制订出一个初步的作战计划草案。大西把任务交给了舰队参谋源田实海军少佐。接受任务后，源田实认真分析敌情，查阅资料，研究海情、地形，计算兵力，认为袭击作战获得成功必须具备三个条件：调用全部六艘大型航空母舰；精选最能干的指挥官和训练水平最高的飞行员；绝对保守机密，以确保攻其不备。

山本接到源田实拟制的草案后，对其做了一些充实和修改，并正式将其定名为“Z 作战计划”。该计划不但与日本海军传统战略完全不同，而且它的成功完全有赖于两个靠不住的假设：一是在袭击时，美国太平洋舰队正停泊在珍珠港内；二是一支大型的航空母舰队在渡过半个太平洋时而不被发现。显然，这是很难实现的，只有赌徒才会冒这个险。而山本恰恰是个赌博高手，他常对他身边的参谋说，赌徒的思维在他思考问题时经常起作用：一半靠计算，一半靠运气。他决心要大赌一场：“或是大获全胜，或是输个精光。假如我们袭击珍珠港失败了，这仗就干脆不打了。”

由于“Z 作战计划”过于冒险，不仅海军军令部极力反对，就连执行奇袭任务的第 1 航空母舰特混舰队司令长官南云忠一海军中将，起初也表示怀疑。但山本坚持己见，认为同美国交战本身就没有什么获胜的希望可言，明知如此，还要硬打的话，只有一开始就尽全力先发制人给敌人狠狠一击，给敌人造成困难和障碍。除此之外，别无他法。日海军军令部最后批准了“Z 作战计划”。

日本立即投入了紧张的备战。日军鱼雷轰炸机的飞行员，在南方鹿儿岛海湾上空，模拟珍珠港地形进行特技表演似的攻击训练。由于珍珠港水深只有十二米，如果从通常的一千余米高度发射鱼雷，鱼雷就会统统扎进水底。日军飞行员因此反复演练突然降低飞机高度并减速，在二十米高度投放鱼雷的动作。此外，日军还研制改装了普通鱼雷，使之能用于浅水攻击。水平轰炸飞行员则在海军轰炸靶场进行夜间轰炸训练和投弹准确性的训练。为了能使八百多公斤的穿甲弹穿透美国战舰，训练高度从四千米降到三千米。

与此同时，海军情报部门向夏威夷派出了间谍，侦察美太平洋舰队进出珍珠港的情况；为了保证袭击成功，防止泄密，除了参与策划的人员外，包括航母舰长在内，谁也不知道有何作战任务，并实行了严格的信件检查制度；让海军士官学校的学生穿上正式军服到东京参观，造成日本海军没有任何战争准备的假象，以欺骗国外视线；为了进一步迷惑美国，外交部派遣前驻德大使来栖三郎作为“和平特使”赴美，协助野村舍三郎大使与美进行和平会谈。

在诸多准备基本就绪后，11 月 5 日，山本根据军令部的指示下达了“联合舰队绝密第 1 号作战命令”。该命令概括了行动开始后的第一阶段内海军的战略，不仅包括对珍珠港的袭击，还包括对马来西亚、菲律宾、关岛、威克岛、香港和南洋等地同时进行袭击。山本又把所有舰长和飞行队长都集中在他的旗舰“长门”号上，把袭击珍珠港的计划告知了他们。在 24 小时内，山本又发布了第 2 号命令，初步确定袭击时间为东京时间 12 月 8 日，星期日，凌晨 3 时 30 分（夏威夷时间 12 月 7 日，星期日，凌晨 8 时）。至此，日本进入了临战状态。

11 月 16 日，代号为“机动部队”的特混舰队在内海口集中。这是一支庞大的舰队，由海军中将南云忠一指挥，它包括六艘航空母舰、二艘配备有十四英寸口径大炮的快速战列舰、二艘重型巡洋舰、一艘轻型巡洋舰、九艘驱逐舰、三艘油船和一艘给养船。

根据山本五十六的命令，南云机动部队为了隐匿作战意图，故意错开各舰艇编队的出发日期，于 17 日陆续开始向舰队集结地点——千岛群岛南端择提岛的单冠湾——进发。

1941 年 11 月 24 日，根据山本的指令，参战舰船集结完毕即做好远航最后准备。11 月 25 日，山本向南云发出了绝密作战命令：“机动部队务于 11 月 26 日出发，竭力保持行动隐蔽，12 月 3 日傍晚进入待机海域并加油完毕。”

11 月 26 日晨 6 时，南云机动部队起锚出港，由三艘潜艇为先导，悄悄地航行在波涛汹涌的北太平洋上，极其诡秘地驶向北纬 42°、西经 170°的待机海域，他们将在那儿等待最后命令——进攻。

现在箭已离弦，刀已出鞘，但华盛顿的日美谈判还在装模作样地进行。日军还派出大量舰机在日本本土活动，并模拟航空母舰编队，频繁进行无线电联络，以给美国造成“其主力舰队仍在本土活动”的错觉。而珍珠港的美军则疏于防范，周末照常放假，港内一派和平景象（近来有历史学家认为，美国最高当局已获悉日本舰队出动的情报，但罗斯福总统和总参谋长马歇尔决定不通知珍珠港守军，让珍珠港遭受日军的攻击，为美国参战找到借口）。

南云机动部队一直保持着无线电静默，只收不发，沿预定的北航线向东迂回前进，以避开美国的巡逻飞机和商船。航行出人意料地顺利，连日来浓云密布，如一个天然的帷幕将庞大舰队的行动遮蔽了起来。海面也没有出现冬季常常掀起的巨浪。

12 月 2 日，正当南云机动部队刚刚越过东西经日期变更线，进入中途岛以北的西经海域时，山本用新密码给南云发来密令：“攀登新高峰 1208”，意即按原计划 12 月 8 日（夏威夷时间 12 月 7 日）发起攻击。南云随即下令各舰长熄灯行驶，并把“Z 作战”行动向全体官兵传达，随时做好战斗准备。

12 月 3 日，南云机动部队转向东南。12 月 6 日，油船给部队加满了最后一次油，离开编队。作战部队随即转向正南，航速增加到二十四节，高速逼近珍珠港。12 月 8 日（夏威夷时间 12 月 7 日）黎明，南云机动部队到达珍珠港以北约二百三十海里处。航空母舰开始转变航向，朝北逆风行驶。南云的旗舰“赤城”号升起了“Z”字旗。三十多年前日俄对马海战前，东乡平八郎海军上将就在挂有“Z”字旗的“三笠”号旗舰上，发出“皇国兴亡在此一举，吾军将士尽须努力奋战”的号令。

12 月 7 日早上 6 时，南云机动部队接到了进攻命令，各航空母舰的飞行甲板上的绿灯亮了，飞机一架接一架飞离航母，不到 15 分钟，担任第一波攻击任务的一百八十余架飞机就全部飞离甲板，其中战斗机四十三架，水平轰炸机四十九架，鱼雷机四十架，俯冲轰炸机五十一架，在领航机信号灯导引下，迅速编好队形，然后绕舰飞行一周，在渊田美津雄海军中校的率领下扑向珍珠港。

此时美军太平洋舰队停泊在珍珠港内的舰船计有战列舰八艘、重巡洋舰两艘、轻巡洋舰六艘、驱逐舰二十九艘、潜艇五艘、辅助舰船三十艘。岸上机场停有飞机二百六十余架，其余的二艘航空母舰、八艘重巡洋舰和十四艘驱逐舰分别在威克岛、中途岛运送飞机，以及在约翰斯顿岛演习。由于是星期天，大部分官兵离开了战斗岗位，整个珍珠港呈现出一派假日景象，没有一点戒备。

7时49分，渊田美津雄命令报务员发出突击信号，各飞行突击队立即展开攻击队形，俯冲轰炸机队率先顺山谷进入。7时55分（预定时间为8时，提前了5分钟），成批炸弹暴雨般倾泻到美太平洋舰队基地四周的希凯姆机场、惠列尔机场和福特岛机场，将机场上成比翼排列的数百架美机炸成一堆堆废铁，摧毁了机库。仅仅几分钟，日本人彻底敲掉了珍珠港的防空设施。渊田在他的座机上观察了美国人挨炸的情况后，向“赤城”号航空母舰上的南云拍发了袭击成功的信号：“虎！虎！虎！”

联合舰队司令官山本五十六和他的参谋们，从凌晨2时起，就在停泊在明湾的旗舰“长门”号上坐着等候消息，他们静静地等待，表情显出了焦急和不安。“奇袭成功了！”他们收到了渊田发出的奇袭成功的预定信号，“托拉！托拉！托拉！”参谋军官们欣喜若狂，山本则如释重负。每隔几分钟，话筒里就重复一次前方飞机传来的捷报和美国人惊慌失措的情况。

7时57分，日本鱼雷机从几个方向突入，在仅仅掠过水面十二米的高度上，向福特岛东、西两侧的美国军舰发射鱼雷。8时05分，日本水平轰炸机从正西方向进入，再次轰炸了福特岛东侧停泊的战列舰，同时轰炸了高炮火力集中的依瓦机场。大火和爆炸引起的烟雾，顿时遮蔽了整个珍珠港，不少美国军舰来不及作战斗准备就沉入海底。8时40分，第一攻击波攻击结束，日机顺利完成首次空袭任务后安然返航。

日军担任第二波攻击的一百六十余架飞机，于7时15分起飞，8时46分展开攻击队形，从瓦胡岛东部进入，8时55分开始攻击，俯冲轰炸机主要攻击浓烟滚滚的美国舰船，水平轰炸机则继续攻击各机场，战斗机担任空中掩护。与此同时，潜入珍珠港内的日本袖珍潜艇施放水雷，发射鱼雷，攻击美舰，封锁港口。

1941年12月17日，日军向珍珠港发动偷袭，美太平洋舰队几乎全军覆没。

在日机第一攻击波突然袭击开始时，美军混乱不堪，惊慌失措，毫无招架之力。岛上高射炮直至5分钟后才零星射击，三十三个高炮连，仅有四个连开火，但击落日机甚少。港内的军舰在最初的几分钟内，几乎没人能够意识到正在发生什么事情。排列在舰列最后的战列舰“内华达”号刚升起旗舰，就被日机上的机关炮刹那间撕得粉碎，大惊失色的升旗手紧接着又升起几面星条旗，无一不被打烂。当第一枚鱼雷命中战列舰“亚利桑那”号时，美国人还是一副难以置信的表情。战列舰“马里兰”号正在升旗，一名水兵漫不经心地对一群冲向附近的机场飞机看了一眼，还以为是自己的飞机，没等他回过神来，炸弹已落在头上。直到8时，美太平洋舰队司令部才把一份十万火急的电报发往海军部：“珍珠港遭空袭，这不是演习。”此时，“俄克拉荷马”号和“西弗吉尼亚”号已被炸裂了，“亚利桑那”号和它的一千余名水兵也被弹药库引发的一系列毁灭性爆炸淹没了。到这时，美军舰上惊魂初定的高射炮手才投入战斗，但奏效甚微。8时15分，美军未遭日机轰炸的哈罗瓦机场起飞了四架战斗机，此后陆续起飞二十五架，与日军飞机展开了空战，但由于寡不敌众，仓促应战，协同不好，因而或被日军战斗机击落，或被美军自己的高射炮击毁。正在返航的美航空母舰“企业”号上十八架俯冲轰炸机，和从美国本土飞来的十二架“空中堡垒”式飞机，刚飞到珍珠港上空，就遭到日本“零”式战斗机的攻击。一名美军飞行员喊到“不要开炮！不要开炮！这是美国飞机！”话音刚落，他的无线电波就消失了。将近两个小时，日本人控制着珍珠港的海空，随心所欲地进行着轰炸扫射。

8时50分（华盛顿时间当天下午1时50分），正当日本第二攻击波飞机飞临瓦胡岛上空时，美国国务卿赫尔才接到野村大使和来栖特使递交的最后通牒（日本外交部规定递交通牒的时间是华盛顿时间下午1时，延误了50分钟，目的是把袭击时间保持到开战前半小时，避免“偷袭”和“不宣而战”的臭名），赫尔顿时目瞪口呆，愤怒地说：“在我整整五十年的公职生活中，从未见过这样一份充满卑鄙的谎言和歪曲的文件。”日本人无言以对，狼狈退出门去，门已关上了，这时赫尔破口大骂：“无赖，该死！”

10时整，日本飞机全部撤离珍珠港，返回母舰。得意洋洋的渊田，要求南云再发起一次攻击，摧毁珍珠港的修船厂和油库，并建议派出搜索机，搜寻美航空母舰。南云没有同意，认为这一战，舰船油料几乎耗尽，如果在这里耽搁，舰船就开不回去了。于是他下令北撤。同来时一样，日本舰队迅速地、静悄悄地溜走了。而此时，美国人几乎还处在目瞪口呆之中。

这是一场海上、水下、空中闪电式的立体袭击战，在短短的一个多小时里，日军共投掷鱼雷四十枚，各型炸弹五百五十余枚，共计一百四十余吨，击沉、击伤美军各型舰船总计四十余艘，其中击沉战列舰四艘、重巡洋舰两艘、轻巡洋舰两艘、驱逐舰两艘和油船一艘；重创战列舰三艘、巡洋舰两艘和驱逐舰两艘；击伤重巡洋舰一艘、轻巡洋舰四艘、驱逐舰一艘和辅助船五艘，击毁飞机二百六十余架。美军伤亡惨重，总计二千四百多人阵亡，一千七百余人受伤。日军只有二十九架飞机被击毁，七十架被击伤，五十五名飞行员死亡，五艘袖珍潜艇被击毁，一艘袖珍潜艇被俘。日本联合舰队司令官山本五十六赢得了这场赌博，这是他最为冒险、收益最大的一次赌博，这一赌使他名震世界海战史。

珍珠港上空的滚滚硝烟和美国士兵的鲜血使美国国内的孤立主义一夜之间销声匿迹。12 月 8 日中午，因行动不便而一向深居简出的罗斯福总统，做出了异乎寻常的举动，亲自前往美国国会，而且没有坐轮椅，而由他的长子扶着走进大厅，向美国参、众两院发表了为时六分钟的讲演。罗斯福开门见山地说："昨天，1941 年 12 月 7 日，美国遭到了蓄意的猛烈攻击，这个日子将永远是我们的国耻日！美利坚合众国受到了日本帝国海空部队的蓄意进攻……"最后他说："我要求国会宣布，自 1941 年 12 月 7 日，星期日，日本无端地发动进攻开始，合众国与日本帝国之间就已存在着战争状态。"不出一小时，参、众两院一致通过了罗斯福的宣战要求。当天下午，美国政府对日宣战。

英国首相丘吉尔对此高兴得老泪纵横，在得知日本偷袭珍珠港的消息之后的第一句话就是"好了！我们总算赢了。"事情完全出乎他的意料，他想不到日本人帮了他大忙。当天，英国宣布同日本处于战争状态。

而希特勒却对此大为恼怒，据希特勒身边的工作人员说，他在得知日本偷袭珍珠港的消息后，暴跳如雷，在场的人被吓得目瞪口呆。希特勒始终没忘记美国干涉对第一次世界大战结局所起的决定性作用。他认为德国征服欧洲、摧毁苏联、最后制服英国的目标是可以实现的，但必须有一个条件：美国不介入。因此，他尽量不给美国以参战的借口。他在 1939 年 9 月向德国海军将领下达了严格的命令："任何德国潜艇不准在大西洋攻击美国船队”。但珍珠港事件使美国人终于找到了参战的借口。至此，战争名副其实地打成了一场世界大战。

珍珠港上空的滚滚硝烟似乎就在我们眼前，看过《珍珠港》电影的人一定会有这样的感触。二战前期的美国正如希特勒所希望的那样，美国最初是抱着发军火财隔山观虎的目的而窃窃自喜的。珍珠港事件的发生打破了美国的如意算盘，它也不得不向日本发出了复仇的怒火。美国的参与，使得在全球范围内爆发了一次大国参与、小国吆喝的世界大战。

点评

珍珠港事件的发生打破了美国的如意算盘，它不得不向日本发出了复仇的怒火。美国的参与，使这场战争成为在全球范围内爆发的一次大国参与、小国吆喝的世界大战。许多看似不经意的一些事情往往会改变整个局面。

重现哈尔可夫之战

莫斯科会战后，1942 年春，随着泥泞季节的到来，漫长的苏德战线相对稳定了下来，但双方都在厉兵秣马，准备更大规模的战役，以争夺战略主动权。鉴于德军已无力发动全线进攻，希特勒打算集中兵力在战线南翼发动局部攻势，以夺取高加索的石油，并切断苏联与美英等盟国联系的物资供应线。陆军总参谋长哈尔德将军建议，如果再要发动攻势，就应针对莫斯科。然而，他的建议对希特勒已不再有多大分量。

1942 年 4 月 5 日，希特勒发布了第 41 号训令。训令规定："一俟天气和地形条件具备，德军指挥官和部队的优势必将再次赢得主动权，迫使敌人就范……坚持关于东方战局原来的基本方针。在中路放慢进攻速度；在北面，应攻陷列宁格勒，并与芬兰军队建立陆上联系；在战线南翼，应突入高加索地区。考虑到冬季会战的后果，可能使用的兵力兵器和运输状况，上述目标只能逐步达到。因此，目前应把所有可以动用的兵力集中到南段主要作战方向，旨在歼灭顿河前面的敌人，接着占领高加索地区的油田和通往高加索山脉的通道。"

按照希特勒的要求，德军最高统帅部拟定了 1942 年夏季南方作战计划，代号“蓝色作战”。其主要内容是：利斯特A集团军群以克莱斯特第一装甲集团军为左翼，鲁夫第十七集团军为右翼，分别从哈尔可夫南面和塔甘罗格北面向东和东南方向进攻，占领顿河下游的罗斯托夫，向高加索进军；包克B集团军群以霍特第四装甲集团军和魏克斯第二集团军为左翼，保卢斯第六集团军为右翼，分别从库尔斯克南面和哈尔可夫北面向东和东南方向突击，占领顿河上游的沃罗涅日，向斯大林格勒前进。

苏联军队最高统帅部同样也在加紧准备1942年夏季战役。斯大林及苏联军队最高统帅部判断，1942年夏季，德军可能在莫斯科方向和南方发动大规模的进攻，并以莫斯科为主要突击目标。因此，苏联军队最高统帅部决定将预备队的大部分兵力集中在莫斯科方向。苏联军队的战略意图是：近期进行积极的战略防御，但同时必须在克里米亚、哈尔科夫地区、利戈夫一库尔斯克方向、斯摩棱斯克方向，以及列宁格勒和杰米扬斯克地域实施一系列进攻战役。在讨论具体作战计划时，斯大林对西南方向总司令铁木辛哥元帅提出的西南方向进攻计划很感兴趣，也全力支持。苏联军队总参谋长沙波什尼科夫元帅却表示总参谋部不同意这一计划，并说大本营不能、也没有足够的预备队提供给西南方向。斯大林立即打断了他的话，说：“我们岂能坐等德寇首先突击！必须在宽大的正面上先敌实施一系列的突击，这样才能摸清敌人的准备情况。我看，朱可夫提出的在西方方向上展开进攻，而在其他方向上实施防御，我认为这是个不彻底的治标办法。”最后，斯大林批准了铁木辛哥以西南方向兵力先敌实施哈尔可夫进攻战役的计划。该计划规定，从沃尔昌斯克地区和巴尔文科实施向心突击，一举夺取哈尔可夫并为解放顿巴斯创造条件。

1942年5月8日，曼施泰因上将指挥的德第十一集团军首先在克里米亚发起了攻势，一周后占领了刻赤半岛，俘虏苏联军队十七万人。7月4日，守卫塞瓦斯托波尔要塞的近十万苏联军队被迫向德军投降，德军占领了整个克里米亚。

5月12日，当刻赤半岛正在激战之际，铁木辛哥元帅指挥西南方面军和南方方面军，分别从哈尔可夫的东北和东南两面向哈尔可夫发起进攻。进攻开始时发展顺利，突破了德军防御，并于三昼夜内前进了二十五至五十公里。斯大林很高兴，并据此谴责总参谋部，说险些因为总参谋的固执己见而取消了一次如此顺利的战役。但斯大林没能高兴多久。5月17日，德军克莱斯特第一装甲集团军在第十七和第六两个集团军支援下，从哈尔可夫南面向苏联军队侧翼发起反攻，并于 5 月 23 日合围了苏联南方方面军的第九、第五十七集团军，西南方面军的第六集团军和博布金战役集群。至 5 月 29 日，被围苏联军队被歼。苏联军队西南方面军副司令员科斯坚科中将、第五十七集团军司令员波德拉斯中将、第九集团军司令员戈罗德扬尼斯中将、战役集群司令员博布金少将阵亡。苏联军队共二十五万人被俘，损失坦克一千二百余辆、火炮二千余门。

哈尔可夫之战以苏联的惨败而结束。

点评

哈尔可夫之战拉开了斯大林格勒会战的序幕。德军旗开得胜，希特勒信心倍增；苏联军队损失惨重，斯大林懊悔莫及。

现　代　篇

辽沈战役：对解放战争的胜利具有决定意义的战役

辽沈战役是中国人民解放军东北野战军将国民党军卫立煌集团封闭在东北境内，各个歼灭于辽宁省西部和沈阳、长春地区的战略决战性战役，是对解放战争具有决定意义的三大战役之一。

在东北战场，人民解放军经过1947年夏、秋、冬季三次大规模攻势作战，共歼国民党军三十八万余人，扩大解放区三十多万平方公里。国民党军东北“剿匪”总司令部总司令卫立煌所部遭到人民解放军连续打击后，处境困难。其总兵力虽然尚有四个兵团十四个军四十四个师

（旅），加上地方保安团队共约五十五万人，但被分割、压缩在沈阳、长春、锦州三个互不相连的地区内。整个形势表明，东北战场作战双方力量对比发生了根本变化，人民解放军的军力和经济实力均已超过国民党军，有利于人民解放军的决战条件已经成熟。

中共中央军事委员会主席毛泽东根据全国军事形势，决定首先在东北战场与国民党军展开大规模会战。

1948 年 9 月 12 日，辽沈战役打响了。东北野战军接连攻克昌黎、北戴河、绥中，包围兴城和义县。25 日攻占了锦州以北的葛文碑、帽儿山等要地；27 日攻占了锦州以南高桥和西海口，进占塔山，将锦州与锦西守军割裂；28 日，炮兵纵队以炮火封锁了锦州飞机场，切断了国民党军的空运；29 日攻克兴城；10 月 1 日，攻克义县。至此，国民党军东北、华北两大战略集团的陆上联系被切断，战略要地锦州成为一座孤城。长春也被继续包围着。锦州是山海关内外陆上交通的咽喉，市区周围环山，南傍小凌河、女儿河，地势险要。国民党军凭借市郊高地，以钢筋混凝土工事为骨干，构成若干支撑点式的独立坚守据点，作为外围阵地；依托小凌河、女儿河和城垣构成主阵地；以城内建筑物构成核心据点。

10 月 9 日，东北野战军攻锦部队在东西两翼阻援部队的保障下发起锦州之战，首先进行外围战斗，至 13 日，控制了锦州外围有利地形。14 日 10 时，各突击集团向锦州城发起总攻，先以猛烈炮火集中摧毁城墙及附近的守军工事，打开了缺口。11 时左右，南、北两个突击集团在炮火的掩护和坦克的支援下，发起猛烈冲击，迅速突入城内，展开激烈的巷战，打退守军步兵、坦克的多次联合反扑。傍晚时分全歼锦州的国民党守军。锦州之战取得了胜利，为辽沈战役的全面胜利奠定了基础。

蒋介石在锦州城破之日再次飞抵沈阳，严令长春守军立即突围向沈阳撤退。但由于围城部队的军事压力和政治争取，在锦州失守后，长春的国民党守军一部起义，围城部队接管了长春东半城。19 日长春守军另一部投降，长春和平解放。

锦州城破、长春守军起义投降后，蒋介石于 10 月 18 日第三次飞抵沈阳，部署总退却。20 日，林彪、罗荣桓作出了举行辽西会战，以拦住先头、拖住后尾、夹击中间、分割包围的战法歼灭退却的“西进兵团”的部署。两军激战至10月28日晨，解放军全歼其兵团部及五个军部、十二个师共十万余人，其中包括号称国民党军“五大主力”中的新编第一军主力和新编第六军全部，俘新编第六军及第四十九、第七十一军军长。廖耀湘化装潜逃到北镇，终被抓获。全歼国民党军“西进兵团”，标志着辽沈战役取得了决定性胜利。

接着，东北野战军继续攻占辽阳、鞍山，切断了沈阳到营口的通路，之后向营口挺进。

11月1日凌晨，东北野战军向沈阳市区国民党军发起总攻。2日，东北野战军占领东北最大工业城市沈阳市，歼灭国民党军东北“剿总”及一个兵团部、两个军部、六个师、三个骑兵旅、四个守备总队等共十三余万人。

在解放沈阳的同时，第九纵队和独立第二师东渡辽河，日夜兼程向营口疾进。10月31日进抵营口外围，对营口构成半圆形包围。10月2日晨攻占营口，东北野战军于10日占领锦西、葫芦岛，12日收复承德。至此，东北全境解放。

辽沈战役期间，东北人民在中共中央东北局领导下，掀起支前热潮。支前民工达一百八十余万人，出动担架十三余万副、大车十二余万辆，筹集和运送粮食一亿多斤，辽沈战役被称为“用人力车推出来的战役”。

点评

辽沈战役的胜利，使东北野战军得以成为人民解放军的一支强大的战略机动力量，也使东北地区成为人民解放军夺取解放战争胜利的牢固和可靠的战略后方。在庆祝战争胜利的同时，我们永远也不能忘记支援前线的广大人民，他们才是历史的主人。

淮海战役：战争史上的奇迹

1948 年秋天，中国人民解放战争进入了夺取全国胜利的决定性阶段，中央军委决定进行淮海战役。

两年来，人民解放军共歼灭国民党军二百六十余万人，人民解放军的总兵力增加到二百八十余万人，而且军事、政治素质都有了很大的提高。解放区的面积已占全国总面积的四分之一，人口占全国总人口的三分之一以上，解放区的土地改革基本完成，工、农业生产得到了恢复和发展。而国民党统治区，人民群众的爱国民主运动风起云涌，此起彼伏。蒋介石的反动统治越来越不得人心，陷入孤立境地。

惶惶不可终日的国民党军统帅部面对日趋恶化的形势，紧急拟定了“徐蚌会战”计划，将国防部与徐州“剿总”指挥的七个兵团、两个绥靖区，共三十四个军、八十二个师，约八十万人聚集在徐、海、蚌地区，以阻我南下，屏障南京，做垂死挣扎。

中央军委审时度势，及时组织中原、华东两大野战军会师淮海、决战中原，决定由刘伯承、陈毅、邓小平、粟裕、谭震林五位同志组成总前委，邓小平为总前委书记，统一指挥两大野战军二十三个纵队、一个军以及华东、中原、华北的冀鲁豫军区的部分地方武装，共六十五个师(旅)，约六十万人，在以徐州为中心，东起海州、西止商丘、北自临城

(今薛城)、南达淮河的广大地区，与国民党八十余万军队进行战备决战，举行了规模空前、震惊中外的淮海战役。

淮海战役有三个主战场：一是徐州东边的碾庄，主要是歼灭黄伯韬兵团；二是安徽濉溪县双堆集，主要是歼灭黄维兵团；三是安徽萧县与河南永城接壤的陈官庄、李方林一带，主要是歼灭杜聿明集团，包括邱清泉、李弥、孙元良三个兵团。

在淮海战役中，由邓小平同志任书记，负责统一指挥作战。总前委和华东、中原野战军的首长先后在安徽淮北地区的蔡洼、临涣集等地驻扎。

在淮海战役第二阶段作战中所消灭的黄维兵团，是蒋介石嫡系中的精锐部队，辖四个军和一个快速纵队，共十二万人。其中的十八军，是陈诚一手培植的，全部美械装备。当战役第一阶段作战开始，黄伯韬兵团被围在徐州东边的碾庄即将被歼时，蒋介石赶紧把杜聿明从东北调往徐州任“剿总”副司令官，同时命令远在豫南确山的黄维兵团驰援徐州。此时，中原野战军主力正在徐蚌线上作战，能够用于牵制黄维兵团作战的，不过两三万人。但我军士气高昂，下决心拖住它。黄维兵团十二万人马，由于受到我军的牵制和袭扰，前进速度缓慢，半个多月后才赶到安徽涡阳、蒙城一带。11 月 23 日清晨，黄维兵团突过涡河、淝河，向我军雕溪县南平集阵地猛攻。我军采用“围三阙一，网开一面，虚留生路，暗设口袋”的战法对付黄维兵团，主动放弃南平集，造成敌人错觉。11 月 24 日上午，敌主力强度浍河以后，我军遂由东西两侧发起强大攻击，迅速完成了对黄维兵团的全面包围。11 月 26 日起，我军进一步紧缩包围圈，把敌人压缩在以宿县西南的双堆集为中心的纵横不足十五里（1 里＝0.5 千米）的狭小地区以内。

为了挽回败局，蒋介石命令杜聿明于 12 月 1 日放弃徐州，率邱清泉、李弥、孙元良三个兵团近三十万人马向徐州西南地区突围，企图与蚌埠的李延年、刘汝明两兵团南北对进，协力与黄维兵团会师。12 月 3 日，蒋介石命令黄维坚守阵地，等待“三路会师”。但是，杜聿明集团刚冲出徐州一天，就被我军扭住，至 12 月 4 日，被全部包围在安徽萧县的李石林、青龙集及河南永城东北的陈官庄一带纵横不过二十里的地区。从蚌埠北进的李、刘两兵团刚进至固镇一带，因害怕被歼，掉头南逃。至此，黄维兵团完全陷入了绝境。

12月6日下午，包围黄维的我军从东、南、西三面同时发起总攻。敌人施放毒气，作困兽之斗。经六日激战，黄维兵团十二万人马被歼灭大半。15日下午5时，我军向顽抗之敌发起最后攻击。当夜11时，黄维兵团全军覆没，司令黄维被活捉。

黄维兵团被歼后，杜聿明集团更加孤立。12月17日，我军发出了《敦促杜聿明等投降书》。1949年1月6日下午3时半，我军向敌人发起总攻，经四昼夜激战。到10日上午10时，杜聿明集团近三十万人马全部被歼，杜聿明被活捉，第二兵团司令邱清泉被击毙。至此，淮海战役取得全胜。

整个淮海战役历时六十六天，解放军以伤亡十三万余人的代价，歼灭国军五个兵团、二十二个军、五十六个师，共计五十五万余人，其中包括国军"王牌军"第五军和第十八军，"五大主力"至此全部覆没（新一军、新六军在东北被歼灭，整编第七十四师在孟良崮被歼灭）。此后，共产党控制了长江中、下游以北广大地区，国民党政府首都南京及上海、武汉等城市已处于解放军的兵锋之下。

淮海战役，解放军在兵力数量和武器装备上均处劣势，但解放军统帅部表现了高超的战略指导和战役指挥艺术，果断决策，精心谋划，迅速判明敌情，最终以六十万装备落后的兵力战胜了八十万装备精良的国军，创造了中国战争史上的奇迹。国军统帅部则在战略指导和作战指挥上失误，犹豫不决，不明敌情，朝令夕改，正如邱清泉所说的"国防部混蛋，老头子糊涂"，最终导致了军事上的惨败。

点评

远在千里之外的斯大林听闻解放军淮海战役大胜的消息后，曾在记事本上写道："六十万战胜八十万，奇迹，真是奇迹！"后来，斯大林又对即将出任驻华大使的尤金说："淮海战役打得好，是中国战争史上的奇迹，也是世界战争史上少见的。这个战役值得我们学习研究。"

平津战役：战略决战的最后战役

平津战役是解放战争时期中国人民解放军东北野战军和华北军区部队，在北平、天津、张家口地区对国民党军队进行的第三个战略性进攻战役，也是战略决战的最后一个大战役。

在辽沈战役结束、淮海战役正在胜利发展之际，1948年12月上旬至1949年1月31日，东北野战军和华北军区第二、第三兵团共一百万人，联合发动了平津战役。当时，华北国民党傅作义集团除有五万余人分驻归绥和大同外，还有兵力五十余万人位于东起北宁路的山海关、西迄平绥路的张家口的约五百多公里的狭长地带上，并以塘沽为海上通道口。在这部分军队中，属傅作义系统的有十七个师（旅），属蒋介石系统的有二十五个师（旅）。在此之前，蒋介石已提出要傅率部南撤，加强长江防线。傅作义对蒋介石的排斥异己深怀戒心，不愿南撤。这时，傅作义所部为解放军在东北的胜利所震慑，已成"惊弓之鸟"，但估计东北野战军在辽沈战役后需要有三个月到半年的休整时间，到第二年春天才能入关作战。傅作义根据暂守平津、保持海口、扩充实力、以观时变的方针，不断收缩兵力，先后放弃承德、保定、山海关、秦皇岛等地，准备随时从海上南逃或西窜绥远。如果傅作义集团撤走，人民解放军虽可不战而得平津，但国民党长江防线得到加强或保存较多作战力量，这对今后作战是不利的。因此，稳住华北敌军，使它不迅速决策南逃或西窜，就成为实现就地歼敌的关键。

根据中共中央的部署，东北野战军主力在辽沈战役结束后不久，从1948年11月23日起，就提前结束休整，取捷径隐蔽地挥师入关。入关的东北野战军和华北军区第二、第三兵团一道，以神速动作，先用“围而不打”或“隔而不围”的办法，完成对北平、天津、张家口之敌的战略包围和战役分割，截断了他们南逃西窜的通路，并调动原驻天津、塘沽的国民党军队第九十二、九十四、一〇五军进到北平地区。随后按“先打两头、后取中间”的顺序发起攻击，在12月下旬连克西头的新保安、张家口。在新保安歼灭傅作义嫡系主力第三十五军近两千人，在张家口歼敌第十一兵团部和第一〇五军五万余人。1949年1月10日，中共中央决定成立由林彪、罗荣桓、聂荣臻三人组成的平津前线总前委。当东头的天津守敌拒绝接受和平改编后，1月14日，解放军以强大兵力发起对天津的总攻，东北野战军集中五个纵队二十二个师三十四万人在刘亚楼指挥下，经过二十九个小时激战，攻克了这座坚固设防和重兵守备的大城市，天津国民党守军十个师十三万人全部被歼，天津警备司令陈长捷被俘。天津解放后，塘沽守敌乘船南逃。

为了使北平这座举世闻名的古都免遭破坏，解放军在围城后，派出代表同傅作义接触。由于解放军力量的强大和作战部署的迅速完成，加上中共的耐心工作和各界人士的敦促，傅作义终于决心顺应人民的意旨，命令所部出城听候改编。1949年1月31日，傅部移交完毕，解放军进入北平。北平宣告和平解放。平津战役历时六十四天，共歼灭和改编国民党军队五十二万余人，基本上解放了华北全境。在绥远，有意地保存下一部分国民党军队，经过相当一段时间，在董其武率领下于1949年9月通电起义，接受改编。这样，对今后如何解决国民党军队便有了天津、北平、绥远三种方式。

点评

平津战役是解放战争时期的最后一场大的战役，是中国人民解放军在北平、天津、张家口地区与国民党军队进行的第三个战略性进攻战役，它的胜利标志着中国内战即将结束，中华民族展开了新的篇章。

土耳其旅在朝覆灭记

1950 年 6 月，朝鲜战争爆发，美国决定插手干预。7 月 7 日，被美国操纵的联合国安理会“授权”美国组织“联合国军”，响应最快的土耳其派出了一个旅出兵朝鲜。1950 年，准备前往朝鲜的土耳其士兵，其装束和武器还停留在第一次世界大战的阶段。这些年轻的土耳其士兵在整个战争中扮演了炮灰的角色，为这场不属于他们的战争付出了惨重的代价。

这次派出的土耳其第一旅是从土耳其军队中精心挑选、专门组建的团级战斗部队，共有五千余人。1950 年 10 月 17 日，第一旅抵达韩国釜山港。上岸后，官兵们便换发美军装备，经过训练后归美军第二十五师领导，成为朝鲜战争期间唯一一支始终属于美军领导的旅级“联合国军”。

土耳其人抵达朝鲜战场时非常引人注目，他们粗犷的外表、飘逸的胡须以及长长的匕首使许多战地记者大饱眼福。但由于土耳其人习惯在近战中挥舞长刀，动作非常危险，所以其他国家的军队都不愿意与他们并肩作战。该旅指挥官塔辛·阿齐兹是一位年纪偏大的准将，曾参加过 1915 年加利波利抵抗英法联军的战役，享有很高的声誉。为了指挥第一批土耳其分遣队赴朝参战，阿齐兹准将自降级别担任旅长。他不懂英文，对于美军下达的命令往往都一知半解。

土耳其旅到达朝鲜不久，“联合国军”总司令麦克阿瑟命令发起一场“圣诞攻势”，希望在1950年底结束这场战争。作为下属的土耳其旅接到命令后向朝鲜北部继续进军。

刺骨的寒风在朝鲜北部的山谷中盘旋，四十多年难遇的寒冷天气降临了朝鲜半岛。被冻僵的土耳其官兵围坐在空油桶四周，点燃临时火堆取暖。士兵们将酒精同汽油混在一起，以防止汽油结冰；而用于急救的血浆也要在加热九十分钟后才能使用。在土耳其士兵眼中，朝鲜变成了“寒冷的地狱”。

11月20日深夜，土耳其旅随美军第二十五步兵师抵达采矿业重镇军隅里休整。休息一晚后，没有卡车运输的土军被命令重新编入驻扎在军隅里的美第九军预备队。一个星期后，志愿军向美第一军和第九军发起了猛烈反击。土耳其旅接到命令赴瓦院地区保护“联合国军”的右翼。瓦院地区距离军隅里以东十五英里，距德川有一半路程。由于车辆有限，美军派来的卡车必须一个营一个营地运送兵力。在土耳其旅第一营出发后，等得不耐烦的土耳其旅各部便开始徒步上路。在徒步行进的过程中，土耳其旅一会儿接到一个命令，而且命令经常还相互矛盾，这让他们不知所措，整个局面非常混乱。

不出所料，土耳其人刚到瓦院就遭到志愿军的攻击。这期间土耳其旅与美第九军失去了联系，于是阿齐兹自己担负起指挥职责。没有坦克支援的土耳其旅承受着零下几十摄氏度的严寒，孤苦伶仃地守在瓦院，牵制向德川进攻的志愿军。

为了夺取土耳其旅的阵地，志愿军白天发起猛烈攻势，夜间则用锣鼓、军号等乐器制造噪声干扰土耳其人休息，搅得他们心烦意乱。最终，意识到自己已被包围的阿齐兹下令土耳其旅撤退。

在撤退途中，土耳其旅再次遭遇志愿军猛烈的炮火，还没等土耳其人集结并建立防御阵地，志愿军已经提前赶到，向这支没有形成完整队形的土耳其部队发起攻势。

冲在最前面的土耳其旅第一营遭到伏击，整个营被团团包围。于是，一场土耳其长刀和中国刺刀之间的白刃战爆发了，约四百名土耳其人伤亡，土耳其旅的第一营几乎被全歼。

为了防止整个旅被包围，在继续撤退的同时，阿齐兹迅速安排兵力完成侧翼的保护。正当保护侧翼的土耳其九连与志愿军交火时，志愿军突然脱离战斗，这令土军摸不到头脑。原来，志愿军故意迷惑外围的土军，继续前进包围了土耳其第十连和第十一连。

11 月 28 日，志愿军重新向土军九连阵地发起进攻。该连很快被摧毁，营长比尔金及众多土耳其士兵被击毙。慌不择路的土耳其人赶紧撤退，但仍然损失惨重。

在土耳其人看来，中国军队似乎哪儿都是，而等你发起进攻时，又哪儿都找不到。他们根本没法弄清中国军队的动向，即使得到的消息也往往是虚假的，本来报告说中国军队在部队前面，但一会儿他们又在部队后面出现了。阿齐兹眼看不妙，连忙向美军紧急求援。

然而，美军自己的日子也不好过，当时美军中竟也出现了一个黑人连集体向志愿军投降的情况。但为了支援土耳其旅，美军还是向土耳其旅阵地方向派出了坦克，而这些坦克却不断地被志愿军逼退。直到 11 月 30 日，在美第九军派出的一个坦克排以及卡车的支援下，土耳其旅的指挥层和第二营残部总算逃出了志愿军的口袋，向“三八线”以南狂奔而去。

在此次“联合国军”发起的“圣诞攻势”以及中国人民志愿军的大反攻中，土耳其旅共损失了近四千人。

到了 1950 年 11 月 30 日，该旅作为一个建制单位实际已经彻底丧失了战斗力。

点评

> 在人类的战争历史上，侵略战争永远是非正义的，它永远受到历史的谴责，最终逃脱不了失败的命运。这是一个历史的结论。土耳其旅在朝覆灭又一次地证明了这个结论的正确性。

自卫还击作战：一场因边境纠纷引发的中越战争

中越两国是邻国，比邻而居，接壤的陆地边界全长一千三百余公里，是双方都承认了的已定国界线。中国人民曾为越南人民争取民族解放斗争的胜利，作出过巨大的牺牲。然而，越南在结束抗美战争、实现国家统一后，便实行地区霸权主义政策，并把中国视为其推行扩张政策的主要障碍，极力恶化中越关系，迫害和驱赶在越南的华侨，甚至提出对中国南海的部分领土要求。在派兵侵占中国南沙群岛六个岛屿后，又不断在中越边境滋事，制造武装挑衅和流血事件，从1974年的百余起发展到1978年上千起。从1978年8月至1979年2月，越南政府的武装挑衅达七百余次，入侵中国领土一百六十余处，打死打伤中国军民三百余人，严重危害中国边境地区人民生命财产安全。在忍无可忍的情况下，中国政府和中央军委作出了实施自卫还击作战的决定。1979年2月17日凌晨，中国人民解放军广西壮族自治区、云南边防部队遵照中央军委的命令，在广西壮族自治区、云南两个方向向当面越军发起攻击。参战部队的步兵、装甲兵等陆军部队在强大的炮火掩护下，一举击退了入侵越军。广西壮族自治区边防部队采取南北对进的作战手段，于22日完成了对越南重镇高平之越军的合围，战至25日，攻占了高平。云南边防部队发起进攻后，右翼部队强渡红河，迅速歼灭了对岸守敌，左、右两路达成对老街地区越军的合围，激战至20日，歼灭了老街守敌大部，攻占了市区；22日一部夺占了代乃，切断了越军顽抗部队同增援部队的联系，尔后，反击作战部队分左右并肩突击向纵深发展，25日云南方向参战部队占领柑糖市和柑糖矿区。27日，广西壮族自治区边防部队分三路向谅山发起攻击，3月4

日，反击作战部队在强大炮火掩护下，越过奇穷河，占领了谅山市，控制了市区以南各要点。云南边防部队于27日对越军增援部队发起攻击，至3月3日，攻占了沙巴、铺镂、郭参、封土等要点。3月5日，中国边防部队推进到浅近纵深二十至四十公里，攻占谅山、高平、老街等省城和二十多个边境城镇及要点。

3月5日，中国政府发表声明，自卫还击作战的预期目的已经达到，自当日起参战部队开始回撤，并重申："我们不要越南的一寸土地，也绝不容许别人侵犯我国领土。"至3月16日，中国边防部队全部撤回中国境内。

广西壮族自治区、云南边防部队回撤后，中国政府一再建议越南政府同中国举行边界谈判，协商解决两国争端。但越南当局表面上接受中国的建议，暗中却加紧扩军备战，继续侵犯边境地区要点，对中国边境地区军民进行袭扰，使中国边境地区人民不能开展正常的生产和生活。为了创造和维护边境地区的和平与安宁，广西壮族自治区、云南边防部队又实施了收复法卡山、扣林山战斗，收复和保卫老山和者阴山战斗；1981年5月5日，广西壮族自治区边防部队对占领法卡山之越南侵略军实施反击，当日收复了法卡山，尔后转入保卫法卡战斗。于当日、10日、16日、19日、6月7日，先后击退越军团营规模的反扑，牢牢守住了阵地。5月7日，云南边防部队对侵占扣林山的越军实施了反击，当日收复了扣林山。在此后两个多月的时间里，粉碎越军组织的营以下规模的反扑近二百次，狠狠打击了越军的嚣张气焰。

1984年4月2日，云南边防部队发起了收复老山、者阴山作战。4月2日至27日，中国边防部队对越军实施了持续的炮击，重创入侵老山的越军阵地、指挥所等目标千余处，为收复老山、者阴山创造了条件。1984年4月28日、30日、5月15日，中国边防部队先后攻占老山、者阴山、八里河东山，至此，全部收复老山地区被越军侵占的中国领土。从1984年5月中旬起至1989年10月止，中国边防部队在老山地区组织坚守防御，先后粉碎越军七次师团规模的反扑和一千七百余次的袭扰，打击了侵略者的嚣张气焰，取得了边境保卫战的胜利。

中越边境自卫还击作战，沉重地打击了越南当局的侵略扩张气焰，用鲜血和生命捍卫了祖国的尊严，保卫了中越边境地区人民群众的生命财产安全，维护了东南亚地区的和平。人民解放军在作战中经受了复杂恶劣环境的考验。针对敌对异国国土作战和亚热带丛林地区高山、密林、谷深、路险等特点，发挥强大的地面火力威力，采取多路迂回、向心攻击、进攻和搜剿相结合的战术手段，给越军以沉重打击；克服了毒蛇、潮湿自然气候条件等危害，取得了边境地区长期坚守防御作战的宝贵经验。

点评

中越边境自卫还击作战，沉重地打击了越南当局的侵略扩张气焰，用鲜血和生命捍卫了祖国的尊严，保卫了中越边境地区人民群众的生命财产安全，维护了东南亚地区的和平。

一份电报定胜负的战役

1914年8月4日清晨，人类历史上的第一次世界大战在欧洲大陆爆发。

德军率先在被称为西线的西欧战场发难，击破比利时后立即兵分五路直扑巴黎，德军的如意算盘是先占领法国，再隔海对抗英国，然后挥师东向，拿下俄国，夺取全面胜利。作为法国和英国的盟友，俄国方面早就做好了战争准备，计划一旦德军在西线开战，俄军就在东线动手，迫使德军两面作战，并欲以东西夹击之势击败德军。

果然在1914年8月中旬，俄国方面已组织起一支拥有六十五万人之众的西北方面军，该方面军由俄军总参谋长日林斯基将军任司令，下辖第一、第二两个集团军，其中第一集团军由连年坎普夫将军率领，第二集团军由萨姆索诺夫将军掌印。根据战争爆发前的盟约，俄西北方面军浩浩荡荡向德国东部边界进发，东线战场一触即发。

当时，德军在东线的军事力量明显处于下风，仅有普里特维茨将军的第八集团军，计有十四个步兵师，一个骑兵师，近一千门火炮，除装备略优外，兵力与俄军相差悬殊。从8月17日到20日，俄军在一系列战斗中获胜，特别是8月20日在贡宾年·戈利达普一线的战斗中，俄第一集团军的主力部队与德第八集团军的主力部队相遇，德军被击败，并被迫向西全线撤退。这时俄军如果全力追击并部署正确的话，德第八集团军将难逃被歼的厄运，德国的东大门就毫无遮拦地敞开在俄军面前，德军的败局亦无可挽回，也许第一次世界大战可以提前数年结束。但是，俄军在通信方面的蹩脚表现却将如此好的战机白白浪费掉了，而且还搭上了西北方面军数十万将士的身家性命！在俄军步步紧逼、德军节节败退之时，德第八集团军的无线电侦察部队却破天荒地截获了8月20日俄第一集团军司令连年坎普夫将军发给俄第二集团军司令萨姆索诺夫将军的明文电报，电报立即被翻译为德文，内容如下：

“本集团军（俄第一集团军）由于补给车辆未到，三天内暂停前进，需要等待辎重军需列车的到来，故目前不能进行联合作战”。

在大战的关键时刻居然敢用明文电报互通军情，无异于将绞索套在自己的脖子上，这是天字第一号草包才干的事！俄军怎么会愚蠢到这个地步呢？

原来早在1901年，俄国的盟友法国就派出一位名叫卡蒂埃的少校军官帮助俄军建立起了相当完善的无线电通信和密码联络制度。1902年又将当时一种极为机密的新式密码送给俄陆军和海军，俄国人亦将其视为珍宝，只复制了一份并锁在彼得堡的一个保险箱里。在一战开战前才将这一新式密码交给西北方面军统帅日林斯基，日林斯基深知德军无线电侦察的水平很高，所以在开战时就决定弃用俄军的老式密码，这种老式密码早已被德军掌握。但是日林斯基却并没有将新密码都发给两个集团军，而是只发给第一集团军，并命令第一集团军将老式密码销毁。

新密码本身并无问题，其编制得新颖、复杂，且一直未使用过，要想破译不是一朝一夕可以成就的，但问题却是既简单又好笑：第一集团军有新密码，第二集团军却没有；即使想用老式密码来联系，第一集团军对第二集团军发来的老式密码电报却无法破译。这样一来，俄第一、第二集团军之间根本无法用无线电进行联系！在战斗进行到8月20日时，这个问题更加突出，当时两军相隔一百多公里，中间是马祖里湖，既无公路，也无铁路，无法做到有线通信，只能依靠无线通信。

当双方都看不懂对方电报的时候，只好向方面军司令部请示，方面军司令部不知是由于被胜利冲昏了头脑还是官僚主义作怪，竟命令两集团军可以使用明文电报联络，于是就有了8月20日那份奇怪的明文电报。

德军自然是大喜过望，因为根据电报他们至少在三天内不必担心俄第一集团军，只需全力以赴对付俄第二集团军！

在接收到8月20日俄第一集团军发给第二集团军的明文电报后，德第八集团军立即召开作战会议，商议对策。会上有一部分人认为这个电报或许是俄军的圈套，引诱德军上当受骗，因为这实在是一件不可思议的事情；而俄国问题专家、首席参谋霍夫曼上校却不以为然，据他认为，俄国人一向以工作效率低下、纪律混乱而著称，出这样的错是完全有可能的，所以这封电报应该是可信的，霍夫曼上校的意见得到与会者的同意。接着霍夫曼上校提出一个大胆的作战方案：首先停止后撤，以少量兵力（两个师）牵制俄第一集团军，利用本国极其发达的铁路网将第九集团军的主力部队快速转移到俄第二集团军的正面，布下埋伏将俄第二集团军歼灭，然后回师歼灭俄第一集团军。

8月21日，德第八集团军完全停止撤退，8月23日，德军临阵换帅，由素以勇猛著称的兴登堡将军统率，他一上任，即批准了霍夫曼上校的作战方案。

德第八集团军立即通过军列专线将主力转移至俄第二集团军正面，并将军队悄悄集中于俄第二集团军两侧，完成了对俄军的包围之势。此时的局势虽然对德军很有利，但也并非一点风险都没有，这时候如果俄第一集团军突然大举进攻，德军留下牵制的那两个师根本无法抵挡，一旦俄第一集团军突破德军防线，德第八集团军将身陷前有第二集团军、后有俄第一集团军的“死地”。

这时候最关键的问题是俄第一集团军的行动意图是什么。

8月25日上午，兴登堡将军正在犹豫不决时，德第八集团军的无线电侦察电台又及时截获到一份俄军明文电报，这份电报是由俄第一集团军司令连年坎普夫将军发给所属第四军的，内容如下：

“本集团军将继续进攻。8月25日到达威柏林—萨劳—诺基坦—波塔伦—诺尔拿堡一线。8月26日到达梅拉乌—艾伦堡—热道恩一线”。

兴登堡将军立即召集作战会议研究这份电报，结果德国人发现俄国佬的进攻速度之慢简直就像蜗牛爬行一般。照此发展，德第八集团军完全有时间先歼灭第二集团军。

兴登堡将军顾虑顿消，立刻下令实施歼灭作战计划。德第八集团军的计划是先布好口袋阵，再派诱饵部队引诱俄军进入口袋，最后围而歼之。俄第二集团军果然上当，一头钻进包围圈。更要命的是俄西北方面军司令日林斯基盲目自信，不许萨姆索诺夫将军撤退，强令俄第二集团军继续“追击”德军。

就这样，到8月30日，俄第二集团军全军覆没，十万人被俘，三万人战死，五百门大炮被缴获或被击毁，俄第二集团军司令萨姆索诺夫将军自杀身亡。

德第八集团军在完成歼灭俄第二集团军的战斗后，又神速通过军列专线将主力调回，并将蜗牛之师俄第一集团军团团围住。1914年9月7日，德第八集团军发动了猛烈的进攻，俄第一集团军由于士气低落，装备低劣，又无外援，很快土崩瓦解。至9月15日战斗结束，俄第一集团军伤亡十四余万人，俄军司令连年坎普夫将军只身一人逃回俄国，而德军仅伤亡一万人。

至此，六十五万人之众的俄西北方面军不复存在了。东线战场以德军获胜而告一段落。在整个欧洲战场来看，德军暂时避免了东西两线同时作战的不利局面，可以集中精力对付西线的英法联军。

因为一封电报，德军取得了战场的主动权。

这次战役史称“坦伦堡之役”，是历史上第一次利用无线电侦察情报来进行重大战争决策并获得成功的战例。“坦伦堡之役”也从另一个角度说明通信在战争中的作用是多么重要，谁如果做不好，谁就有可能像俄西北方面军一样，由胜而败不过瞬间之事！

点评

这次战役是历史上第一次利用无线电侦察情报来进行重大战争决策并获得成功的战例。它从另一个角度说明信息在战争中的重要作用，谁如果做不好，谁就有可能面临失败的命运！

一场搞笑的海战

战争是严肃而残酷的。1918 年 7 月 21 日，这天碰巧普林斯内正进行一场规模空前的棒球赛，美国海军航空兵基地棒球队与扫雷舰棒球队正打得难解难分，几乎所有的官兵都跑到普林斯城了，为基地棒球队加油助威。

此时，德国 U－156 号潜艇正悄悄潜入美国汉姆海军基地，并向一艘美国拖船发射了两枚鱼雷。可没想到竟无一命中目标，U－156 号潜艇艇长冯欧尔登十分恼火，他命令潜艇浮出海面，用艇上的火炮发起进攻。而此时基地只有伊东上尉和加德少尉。两人匆匆来到停机坪一看，飞机上没挂任何炸弹，两人分头找人，找了一圈才见到一个名叫霍华德的机械师。

“请你立即给这架飞机挂上深水炸弹，我们要去攻击德国潜艇！”

“这里再也找不到其他人了，请你立即工作，这是我的命令！”霍华德看看机场的确没有其他人，只好自己试着去装。好在他平时见别人装过，很快就依样画葫芦地装好了。为了保险，伊东上尉把霍华德也拉上了飞机，以防万一炸弹投放装置失灵，由他人工往下扔。飞机迅速起飞，来到海边就看到德国潜艇。此刻德国潜艇正用密集的火炮进攻拖船，拖船已中了好几枚炮弹，但却没有击中要害，船还可以继续航行。两架飞机一个俯冲，直向潜艇扑来。当瞄准器罩住潜艇时，伊东拉了一下投放炸弹的钢丝绳，可毫无反应。

"该死！"伊东大声喊道，"霍华德，听我的口令往下扔炸弹！"当瞄准器再一次罩住德国潜艇时，伊东一声令下，霍华德将炸弹扔了下去。然而，呼啸而下的炸弹只是在潜艇边激起了一股高大的水柱，并没有爆炸，加德少尉的炸弹同样也没有爆炸。本来德国舰长见到美国飞机后准备下潜逃跑，可几枚炸弹扔下来却没有一枚爆炸，干脆不理睬飞机，掉头追赶拖船，想用炮火在短时间内击沉拖船后再逃。

原来霍华德不知道炸弹上还有保险装置，没有打开，伊东和加德也不懂。气急之下伊东从工具箱中抓起一个大扳手向德国潜艇砸去。没想到大扳手正好砸在一名运送炮弹的德国潜艇兵的肩上，一下子把这名士兵砸倒了。

这时，副艇长跑过来报告说："那艘拖船已经中了几十发炮弹，可就是不肯沉，怎么办？"冯欧尔登看看仓皇逃跑的拖船，看看不停盘旋的飞机，又看看砸下的扳手，担心美国其他飞机赶来，最后只好下令迅速下潜，返回基地！

这场战斗匆匆地结束了。

点评

这是一场莫名其妙的仓促开始和仓促结束的海战，这是德国潜艇的第一次也是唯一一次在美国本土作战，然而却成为历史上最搞笑的海战。

中东战争：血与痛的惨痛回忆

巴勒斯坦和以色列之间的冲突总是不断吸引着全世界的眼光。以色列不断出兵占领和袭击巴勒斯坦，巴勒斯坦也不甘示弱，经常用炸弹和袭击回敬以色列。巴勒斯坦和以色列就像结了深仇大恨一样，冲突不断，战争频发。那么这一切究竟是为什么？是什么原因导致了巴以冲突？这首先要从5次中东战争说起。

中东战争是第二次世界大战之后最大规模的局部战争，主要指在中东巴勒斯坦及其周围地区，以色列同阿拉伯国家之间进行的战争。这个地区自1948年第一次中东战争爆发以来，战火频繁，40年来共爆发5次较大规模战争。这些战争，是阿拉伯国家同以色列之间民族矛盾激化的必然结果，也是美苏争霸、民族矛盾尖锐化的表现。

一、中东战争的历史背景和起因

中东地区是欧洲人以欧洲为中心而提出的一个地理概念，它包括埃及、叙利亚、黎巴嫩、伊拉克、约旦、科威特、巴勒斯坦和以色列等18个国家和地区，面积740万平方公里，它衔接亚、非、欧三大洲，并拥有丰富的石油资源，战略位置十分重要。巴勒斯坦则位于中东的中心地带，西濒地中海，南邻西奈半岛，扼亚、非、欧三洲要冲，是联结东西部阿拉伯国家的纽带。长期以来，巴勒斯坦一直是强邻和大国争夺的主要目标，在历史上也出现过部族的迁徙和后来者征服先来者。

历史上，巴勒斯坦最早的原始居民是迦南人。他们在公元前约 4000 年从阿拉伯半岛东部沿阿拉伯海一带到这里定居。公元前 13 世纪，克里特岛和爱琴海沿岸的腓力斯人移居迦南，将该地称为“巴勒斯坦”，意为“腓力斯人的土地”，这个名称沿用至今。此外，巴勒斯坦早期还有阿穆尔人和亚兰人等部落居民。

犹太人古时称为希伯来人，他们和迦南人、阿拉伯人等都是西亚古代闪族的后裔，他们同其他古老民族一起曾共同生息在巴勒斯坦土地上。公元前 1025 年，犹太人在巴勒斯坦建立了统一的希伯来王国，以后分裂为两个国家，北部称以色列王国，南部称犹太王国。公元前 722 年，亚述亚帝国消灭以色列王国。公元前 586 年，东方新崛起的巴比伦王国占领犹太王国，巴比伦国王尼布甲尼撒二世下令把数万名犹太人作为俘虏押回巴比伦，开始了犹太历史上的“巴比伦之囚”时代。这是犹太人的第一次大流散，从而结束了犹太人在巴勒斯坦立国的历史。

继亚述人和巴比伦人之后，巴勒斯坦先后被波斯、希腊、罗马、土耳其等外族轮番占领。

公元前 332 年，希腊马其顿王亚历山大征服西亚大片土地，并攻占耶路撒冷。亚历山大的统治，打破了各民族和各国之间的隔绝状态，各被征服国家的民族开始杂居交往。犹太人从此也逐渐疏散到南欧、北非和中亚等地区，这可说是犹太人的第二次大流散。

犹太人的第三次大流散是在罗马帝国期间。公元前 2 世纪初，罗马帝国不断强盛，并向东大力扩张，于公元前 63 年先后侵占了耶路撒冷和整个巴勒斯坦地区。犹太人为反抗罗马人的入侵，曾举行了三次武装起义，史称“犹太战争”。特别是公元 115 年的最后一次起义，曾给罗马帝国以沉重的打击，把罗马驻军赶出了巴勒斯坦南部，并占领耶路撒冷。但起义于公元 135 年失败。经过三次大起义和三次大屠杀，犹太人死亡一百五十多万人，幸存者几乎全部逃离和被驱逐出巴勒斯坦，从而结束了犹太民族主体在巴勒斯坦生存的历史。直到 20 世纪初，犹太人在政治、经济上同巴勒斯坦基本上没有什么联系了。

公元 7 世纪，出生在阿拉伯半岛的穆罕默德创立了伊斯兰教，并统一了分散在阿拉伯半岛上的各民族和部落，后又建立了统一的阿拉伯帝国。公元637年，巴勒斯坦并入帝国后，其居民、宗教、文化逐渐阿拉伯化，形成巴勒斯坦阿拉伯人。一千三百多年来，他们在这一地区劳动生息，成为这块土地的主人。

16世纪50年代，新兴的奥斯曼帝国不断向外扩张。巴勒斯坦从1518年起纳入帝国版图，直到第一次世界大战为止，巴勒斯坦被奥斯曼帝国统治了四百多年。由于奥斯曼帝国鼓励传播伊斯兰教和阿拉伯文化，因此，这里的阿拉伯民族特征始终没有改变。

可以说，公元1世纪以来，巴勒斯坦的犹太人为数很少，1880年只有两万多人，1918年也只有五六万人，仅占当地居民的百分之八。

犹太人在公元一、二世纪起离开巴勒斯坦之后，流散到世界各地，在长达一千多年的漫长岁月中，他们的处境很悲惨。中世纪欧洲各国，基督教居于统治地位，而犹太教被视为异端邪说，它们对犹太人实行种族歧视、迫害甚至屠杀。从13世纪到15世纪，欧洲出现了一次又一次的"排犹运动"，特别是19世纪末发生在沙皇俄国的排犹运动，十分猖獗，它是犹太复国主义产生的催化剂，使犹太人从一般的复国愿望发展成具体的政治性运动。1842年5月，沙皇俄国还颁布法令，将犹太人赶出乡村和居民区。这样，犹太人开始了第一次向巴勒斯坦移民的浪潮，并建立了一些犹太复国主义的移民点，犹太复国主义运动初步兴起。

犹太资产阶级也乘机打出"犹太民族主义"的旗帜，为犹太复国主义运动推波助澜，从而把犹太人返回巴勒斯坦的一般愿望发展成为系统的犹太复国主义理论和有组织的政治运动。其代表人物是匈牙利出生的犹太作家西奥多·赫茨尔。1896年，他写了《犹太国：现代解决犹太人问题的一种尝试》一书，宣称犹太人问题既不是社会问题，也不是宗教问题，而是一个民族问题，提出建立犹太人自治的国家的主张。

赫茨尔建立犹太国的主张得到了欧美犹太人的大力支持。1897年，在赫茨尔的领导下，欧美的犹太复国主义者在瑞士巴塞尔举行了首次全世界犹太人大会，决定成立全世界统一的世界犹太复国主义组织，赫茨尔当选主席。这次大会在犹太复国主义运动史上揭开了新的一页，标志着犹太复国主义运动从分散的地区性运动进入世界性的有组织的政治运动。犹太复国主义运动得到了英美等国的支持。

1914年，第一次世界大战爆发，英国为打败德国，瓦解奥斯曼帝国，称霸中东，以承认和支持奥斯曼帝国境内阿拉伯人在战后建立一个包括巴勒斯坦在内的独立国家为条件，取得了阿拉伯人的支持。但英国又背着阿拉伯人同法国签订了处理战后奥斯曼领土的《塞克斯－皮科尔协定》。协定除划分两国的势力范围之外，规定巴勒斯坦由“国际共管”。尔后，在1917年11月，英国发表了支持犹太复国主义的《贝福尔宣言》，支持犹太人在巴勒斯坦建立一个犹太人的国家。

1917年11月6日，英国军队入侵巴勒斯坦，1918年9月占领全境。1920年国际联盟给予英国以管辖巴勒斯坦的“委任统治权”。1921年，英国政府以执行《贝福尔宣言》为由，采取分而治之的政策，以约旦河为界，将巴勒斯坦分为东、西两部分：东部称外约旦，扶植了一个傀儡政权；西部仍为巴勒斯坦，由英国委任总督直接统治。

在英国的支持下，犹太人开始大规模迁入巴勒斯坦，特别是在《贝福尔宣言》发表和英国委任统治之后，巴勒斯坦犹太移民成倍增长。据统计，1917年4月，《贝福尔宣言》发表时，巴勒斯坦的犹太人不超过五万，1939年猛增到四十四万多人，已占巴勒斯坦居民总数的三分之一。

犹太移民凭借其雄厚的资金和技术，以及英国委任统治当局的庇护，在巴勒斯坦建立了许多城市和工业，使阿拉伯人的工商业受到很大的打击。犹太人还建立了“哈加纳”“伊尔贡”“斯特恩集团”等秘密武装组织，从而使阿拉伯人和犹太人的矛盾和冲突日益加剧。

美国有几百万犹太人，它从一开始就支持犹太复国主义。早在1917年10月，美国总统威尔逊就向英国政府表示他对《贝福尔宣言》草稿的支持。1919年1月21日，美国在巴黎和会是提出“关于建立独立的巴勒斯坦国家的建议”，“犹太国一旦成为事实，国联就立刻承认巴勒斯坦为犹太人的国家”。1922年6月30日，美国国会正式通过一项支持《贝福尔宣言》的决议。同时，在经济上也开始渗入巴勒斯坦。

为扩大美国在中东的势力范围，第二次世界大战期间，美国大力扶持犹太复国主义，排挤英国。1943年至1945年间，美国国会通过了赞成在巴勒斯坦无限制移民和建立犹太国家的决议和宣言，但同时，也加深了阿拉伯人和犹太人之间的矛盾。在这种大背景下，1942年2月，英国把巴勒斯坦问题提交联合国处理。1947年11月29日，“联大”通过了巴勒斯坦分治决议，规定英国对巴勒斯坦的委任统治于1948年8月结束，其后在巴勒斯坦建立阿拉伯国和犹太国；阿拉伯面积一万一千多平方公里，包括北部的加利利、约旦河以西地区和加沙地区；犹太国面积一万四千多平方公里；双方争夺的焦点耶路撒冷市作为一个在国际政权下的独立主体，归联合国管理。（犹太人当时人口接近巴勒斯坦总人口的三分之一，拥有百分之六的土地。）

联合国分治决议一通过，巴勒斯坦阿拉伯人和阿拉伯国家纷纷举行示威，反对分治。阿拉伯人在耶路撒冷、雅法、特拉维夫等地掀起了激烈的反抗运动，而犹太复国主义者认为，“联大”分治决议的通过是个大好的时机，决定采用武力建立犹太国。在美国的支持下，犹太建国协会征集十七至二十五岁的犹太青年入伍，同时，美国以优惠的价格向犹太复国主义者提供价值千万美元的制造军火的机器和武器装备。

1947 年 11 月 30 日清晨，在耶路撒冷和一些阿犹混合的城镇，爆发了犹太人和阿拉伯人之间的激烈武装冲突，这被称为是巴勒斯坦“非正式战争”的开始。之后，在 1948 年 1 月至 3 月，双方不断发生冲突。

二、第一次中东战争

1948 年 5 月 14 日，英国结束了对巴勒斯坦的委任统治，同日，犹太复国主义者宣布成立以色列国，并趁英军撤出之机，抢占划给阿拉伯人的地区。阿拉伯人反对不公正的决议，阿拉伯国没有成立。由此引发了第一次中东战争，又称巴勒斯坦战争。

15 日，阿拉伯联盟国家埃及、外约旦、伊拉克、叙利亚和黎巴嫩的军队在英国的支持下相继进入巴勒斯坦，向以色列宣战，战争正式开始。

战争初期，阿军连战告捷，埃及军队占领内格夫的一些要地及公路干线；叙利亚军队攻克了约旦河两岸的三个犹太居民点，接着向尼加亚居民点出击，在太巴列湖南端这一地区同以军激战；外约旦的阿拉伯军团于 5 月 28 日占领耶路撒冷旧城和耶路撒冷通往海岸平原公路的要地特伦，切断了以色列人的增援；伊拉克军队相继占领了纳布卢斯、杰宁和离地中海只有十一英里的图勒卡姆，并威胁着犹太城赫德拉；黎巴嫩军队于 6 月 5 日攻占马勒基亚边防哨所，并固守到战争结束。

综观战争初期的形势，阿拉伯国家处于十分有利的地位，以色列军队节节败退、极为被动。以军的将领惊呼，以色列军队无法抵挡阿拉伯国家军队的进攻，全军已处于崩溃边缘。为扭转战局，以色列总理急电以色列驻联合国代表埃班说：“以色列急需几周的时间来重新组织和装备军队”“以色列需要立即停火”。

美国操纵安理会安排了为期四周的停火。以色列乘机加紧扩充实力和调整部署。首先是扩充兵员，使以色列军队由开战时的三万多人发展到六至十万人。其次是采购武器，以色列从美国、英国进口了轰炸机，从法国运来了坦克和大口径火炮。尤其是从捷克获得了大量轻武器、野战炮、炸弹和炸药。以色列还从国外购买了小型舰船和巡逻艇。这样，以色列陆海空三军已初具规模。第三是进行军事改组，国防军编成四个军区，明确了各军区所分担的作战地域。而阿拉伯军队在停火期间仅仅进行了驻军地域内的调整，埃及野战军增加到近两万人，伊拉克军队增加到一万多人，叙利亚和黎巴嫩募兵后兵力也有所增加。但阿拉伯国家正规军不过四万多人。这样，双方军事力量的对比，发生了有利于以色列的变化。

停火期限一到，1948 年 7 月 9 日，经过充分准备的以色列军队向阿拉伯军队发动攻击，这次进攻名为“十天进攻”，至 7 月 18 日结束。战争重启后，以军的进攻方向重点放在中部战线。以军集中四个旅的兵力，向特拉维夫东南十二英里（1 英里＝1.61 千米）的卢德和腊姆拉城实施突击。以色列军队于 7 月 11 日、12 日就占领了两地，打开了通往耶路撒冷的走廊。

在北线，以色列部队向叙利亚军队发动进攻，企图夺回米什马尔哈耶丁居民点，把叙利亚军队赶往约旦河东岸，但被叙军击退。于是，以军改变进攻方向，主力西移，向拿撒勒地区和加利利北部的黎巴嫩军和阿拉伯解放军发动进攻。7 月 15 日至 16 日，以军两个营利用夜间实施突袭，占领了沙德阿姆尔和拿撒勒，并进而夺取了整个加利利地区。

以色列军队的另一条进攻路线是进攻耶路撒冷。首先进攻马纳哈和艾因卡里姆谷地，接着进攻旧城并占领耶拉赫贾拉，切断阿拉伯人至新城的道路。经过反复争夺，7 月 15 日，以军攻占了马纳哈谷地，但对耶路撒冷旧城的进攻在锡安门附近被击退。十天的战斗，以色列夺取了阿拉伯约一千平方公里的土地，改善了自己的战略地位，但却急需补充兵力和物资。于是，美国又操纵安理会，在 7 月 15 日通过了无限期停火方案。

在第二次停火期间，以色列大力推行移民计划，不断扩充军队和武器装备。到10月初，以军总数为九万多人，有一百多架飞机和十六艘舰船。相反，阿拉伯国家在第二次停火期间内部矛盾进一步激化，战局每况愈下，到了不可扭转的地步。

10月15日，以色列军队破坏停火令，向阿拉伯军队发起进攻。这次进攻，以军主要目标是加利利地区和内格夫。为此，以军成功地发动了几次战役。

“约夫”战役中，以空军首先袭击了加沙、马杰达勒、拉法和阿里什等城镇，破坏了埃军的通信体系和指挥机关，同时，通过袭击阿里什等地的机场，使埃及军队丧失了制空权。随后，以军在夜间发动进攻，在西线抢占了公路上的阿什克伦。21日控制了除法卢贾和加沙地带以外的整个内格夫北部地区，打败了这一面的埃及军队。

10月28日至30日，以色列军队展开了“希拉姆战役”，与黎巴嫩展开战斗。以军派遣两支部队，分别从南面和西面实行佯攻，然后以东、西两路兵力夹击。30日，以军攻占加利利，并有少数部队进入了黎巴嫩，一直打到黎巴嫩利塔尼河两岸，夺取了黎巴嫩境内十五个村庄。

12月22日，以军出动五个旅，向埃军发动了最大规模的一次进攻，即“霍雷夫”战役，战役从1948年12月22日持续到1949年1月7日。以色列军队采用奇袭的方法于27日占领了奥贾。28日攻占了阿布奥格，转而进攻阿里什。正当以军准备给埃军以决定性打击时，英国要求以色列从埃及领土上撤出。

埃及在军事失利的情况下，于1949年2月24日在希腊的罗得岛签订停战协定。根据协定，埃及承认除加沙地带外，以色列占有整个内格夫地区。边界重镇奥贾非军事化，埃及在离奥贾十四至十七英里内不得设立阵地。

外约旦和以色列的停战谈判3月2日也在落得岛开始，4月3日，以色列、外约旦正式签订停战协定，“阿拉伯军团”在中部五十五英里长的战线上平均后撤两英里，以色列承认外约旦与约旦河西部的巴勒斯坦合并。通过协定，以色列控制了越过卡梅尔山脉到埃斯雷德郎和加利利山谷的战略公路，解除了阿拉伯人对特拉维夫和哈德腊东部沿海平原的军事威胁。伊拉克拒绝和以色列谈判，但表示遵守以约协定。以约停战后，伊拉克军队即撤出巴勒斯坦。

以色列和黎巴嫩的停战协议定于1949年3月23日签订，协议规定以原来巴勒斯坦和黎巴嫩之间的边界线为分界线，双方各建立非军事区，以色列军队撤出黎巴嫩村庄。

以色列和叙利亚之间的停战谈判与1949年4月12日在边界举行，7月20日，双方签订停战协定。

第一次中东战争从阿拉伯出兵开始到以色列、叙利亚签订停战协定为止，共历时十五个月，战争以阿拉伯国家的失败、以色列获胜而告终。战争中，阿拉伯国家军队死亡一万多人，以色列军队死亡约六千人。除加沙和约旦河西岸部分地区外，以色列占领了巴勒斯坦五分之四的土地，计两万多平方公里，比联合国分治决议规定的面积多了近七千多平方公里。战争中有九十六万巴勒斯坦人逃离家园，沦为难民。联合国所规定的阿拉伯国家始终未能建立。战争激化了阿拉伯国家和以色列、阿拉伯国家和美、英的矛盾。从此，中东战乱不断。

三、第二次中东战争

1956年7月，埃及宣布将受英法资本控制的在战略和经济上都具有十分重要价值的苏伊士运河收归国有。英、法为了夺回对运河的控制权，伙同以色列发动了第二次中东战争，又称苏伊士运河战争。

苏伊士运河是埃及境内一条国际通航运河，全长一百七十五公里，它沟通了地中海和红海，缩短了欧、亚两洲的航程，是沟通欧、亚、非三洲的要道，战略位置十分重要。运河自开通以来，一直为英、法所控制，1882年，英国派兵占领埃及，在运河区建立了它在海外最大的军事基地。1936年又签订了英埃条约，肯定了英国在苏伊士运河区的驻军权。随着埃及民族解放运动的发展，1951年10月，埃及废除了英埃条约。1952年7月23日，以纳塞尔为首的“自由军官组织”发动军事政变，推翻了英国扶植的法鲁克王朝，废除了君主制，建立了共和国。之后，于1954年10月英国同埃及签订协议，同意分批撤军。1956年6月，英军全部撤离埃及，但苏伊士运河仍为英、法控制。1956年7月26日，埃及政府宣布将苏伊士运河公司收归国有，公司全部财产移交埃及。英、法为重新控制苏伊士运河，策划召开对运河实施“国际管制”的会议。1956年8月16日，在英、法倡议下，二十二个国家在伦敦举行会议，但未能达成任何协议。9 月 19 日，美、英、法召集十八国再次在伦敦举行会议，讨论建立“苏伊士运河使用协会”问题，仍未达成协议。9 月 30 日，英、法将苏伊士运河问题提交联合国安理会讨论，10 月 13 日，安理会否决了英、法要求埃及接受“国际管理”制度提案。

在这种情况下，英、法决定采取武力来解决问题。为解决兵力不足的问题，法国首先提出邀请以色列加入。对以色列来说，它早已对埃及不准它的船只通过亚喀巴湾的蒂朗海峡和苏伊士运河不满，早在 1955 年 11 月就制定了一个入侵加沙地带和西奈半岛的作战计划，所以，两者是一拍即合。1956 年 10 月 13 日，法、以商定了作战计划，14 日，英、法又在艾登的乡村举行了秘密会议，制定了作战计划。

10 月 29 日下午 5 时许，以军分四路入侵埃及西奈半岛。埃及在西奈半岛只有六个营的兵力，以军在法国海、空军掩护下与埃军展开激战，通过米特拉山口战斗、阿布奥格拉战斗，占领了一些设防较薄弱的地方。打破对蒂朗海峡的封锁是以色列发动这场战争的主要目的。沙姆沙伊赫是蒂朗海峡西岸重镇，11 月 2 日，以军第九旅进攻沙姆沙伊赫地区。5 日，在经过反复进攻后，埃军丧失阵地。以色列解除了埃及对蒂朗海峡的封锁，从此，以色列在亚喀巴湾的航行不再受阻。

正当埃及军队和以色列军队激战的时候，英、法两国借口保护运河航运，向埃及发出“最后通牒”，要求埃、以双方停火，并允许英、法军队进驻运河区，否则派兵干涉。遭埃及拒绝后，英、法空军在 10 月 31 日下午对埃及的十五个机场、一些兵营和开罗、亚历山大、塞得港、伊斯梅利亚、苏伊士等城市的重要经济、交通设施进行了疯狂的轰炸，同时轰炸西奈的埃及部队，企图将埃军拦截在西奈半岛。埃及识破了英、法的这一战略企图，埃及总统纳塞尔为防止英、法占领运河区，而使西奈部队受到两面夹击的危险，命令增援部队停止进入西奈，在西奈的守军迅速撤至运河区。这样，埃军开始有组织、有计划地撤出西奈半岛。10 月 31 日，以军向开始准备撤退的埃军进攻，但沿途遭到埃军顽强阻击，至 11 月 2 日凌晨以军进至阿里什时，埃军主力已撤退，从而保存了有生力量。

埃军同英、法军队的战斗主要在塞得港进行。从 11 月 1 日起，英、法空军对塞得港进行连续轰炸。11 月 5 日，英、法向塞得港空投了两批伞兵，分别占领了加密尔机场和富阿德港供水厂。11 月 6 日上午，在炮火袭击后，英、法两万多名海军陆战队队员开始在埃及塞得港登陆，6 日深夜，英、法登陆部队沿苏伊士运河南下，企图一举占领运河区，但遭到埃军抵抗。

战争期间，世界人民掀起了反对英、法、以侵略，支持埃及斗争的浪潮，侵略战争也使英、法的财政经济状况恶化。在埃及人民的抗击下，英、法被迫于6 日午夜停火，而以色列 5 日就已宣布停火。英、法和以色列军队在 12 月和次年 3 月，先后撤出埃及。这次战争宣告了英、法在中东殖民统治的崩溃。

在整个战争过程中，英、法对埃及的轰炸持续六天，地面战斗四十余小时，伤亡三百至四百人，损失飞机五十余架；以色列伤亡约一千人。埃及方面死亡一千多人，伤两万多人，损失飞机两百余架，五大城市遭到严重破坏，一万多幢住宅毁于战火。

四、第三次中东战争

第二次中东战争之后，美国、苏联在中东的对抗更加激烈，以色列得到了美国的支持，从美国得到先进的武器装备；而苏联则大力资助阿拉伯国家，向埃及、叙利亚等国提供了大量的军事援助。

1958 年 2 月，埃及和叙利亚合并，成立阿拉伯联合共和国（1961 年 9 月又取消联合），使以色列感到了来自南北夹击的威胁。1964 年，阿拉伯国家出现了团结合作的局面，叙利亚、约旦、黎巴嫩在成立巴勒斯坦解放组织和利用约旦河的问题上达成协议，并得到埃及等其他阿拉伯国家的支持，阿方计划改变约旦河上游的流向，使之不被以色列利用。1964 年 11 月，以色列出动空军对约旦河上游的阿方工程进行轰炸，迫使阿方取消此次计划。

巴勒斯坦解放组织成立后，成为以色列的心腹之患。1964 年 5 月 28 日至 6 月 4 日，巴勒斯坦各界代表在阿拉伯联盟的支持下，在耶路撒冷东城区举行了第一次巴勒斯坦国民大会，确定组成巴勒斯坦解放组织执行委员会，建立了巴勒斯坦武装力量“法塔赫”。从此，法塔赫为了把以色列赶出巴勒斯坦，不断地袭击以色列，这支力量对以色列构成了威胁。所以，削弱阿拉伯联盟的力量，消灭巴勒斯坦解放组织，成为以色列发动第三次中东战争（也称“六·五战争”或“六天战争”）的重要原因。

1967年6月5日早晨7时45分，以色列出动了几乎全部空军，对埃及、叙利亚和伊拉克的一切机场进行了大规模、闪电式的袭击。这一次的空袭，以色列空军几乎倾巢而出，甚至连教练机也投入了战斗，对阿拉伯国家二十五个空军基地进行了袭击。从早晨到下午18时，以色列空军对阿拉伯各国进行了四波突袭，第一波袭击了埃及十个机场。第二波主要袭击埃及的轰炸机基地和混合机种的八个机场。第三波攻击了约旦、叙利亚和伊拉克的空军基地。最后，在完成了对阿拉伯空军二十五个基地的攻击之后，17时15分到18时，开罗国际机场和另一个空军基地也遭到了严重破坏。就这样，在开战后六十个小时，以色列共击毁阿拉伯国家飞机四百五十一架，其中埃及就损失飞机三百三十六架，叙利亚损失六十架，约旦损失二十九架，伊拉克损失二十五架，黎巴嫩损失一架。埃及作战飞机损失了百分之九十五，整个埃及空军陷于瘫痪，而以色列只损失了二十六架飞机。

为实施这次空袭，以色列进行了长时间的侦察、准备，基本上摸清了阿拉伯各国军队的情况，尤其对空军的情况十分清楚，如空军基地的位置、跑道状况、雷达设施等，甚至连埃及军官的活动规律也了如指掌。

1967年6月5日，在以色列实施空袭后的半小时，其地面部队五个师以坦克装甲车为前导，自加沙、阿里什和阿布奥格拉大举进攻。当时，埃军在西奈半岛有五个步兵师和两个装甲师，共约十二万人，分别据守在各个战略要点上。以军在反复攻击后，占领了加沙地带，进入了西奈半岛的阿里什、阿布奥格拉等地。接着，以军兵分三路，向苏伊士运河地区进犯：北路攻打坎塔腊，中路指向伊斯梅利亚，南路对准陶菲克港和苏伊士城。7日，北路以军攻抵坎塔腊附近；中路以军越过比尔吉夫贾法；南路以军进抵吉迪山和米特拉山口，堵住了埃军退路。于是，埃军不得不封锁苏伊士运河。到6月8日，以军全歼了埃及在西奈半岛上的五个师，一直进犯到苏伊士运河东岸。仅仅三天时间，西奈半岛就全部落入以军之手。在对埃及进攻后不久，以色列又发动了对约旦河西岸的进攻。7日，以军占领了耶路撒冷东区和约旦河西岸约旦管辖的全部地区。

当日，安理会通过了“立即实现停火”和“限期停火”的决议，以色列8日同意“停火”，到9日，又开始向叙利亚发动大规模进攻，进攻方向指向戈兰高地。戈兰高地是叙利亚西南边境内一条狭长山地，海拔

600米至1000米。从北部的谢克山到南面的雅穆克河，长六十公里，中部最宽处约二十公里，面积一万多平方公里，这里有公路通往大马士革。戈兰高地与以色列接壤，居高临下，对以色列威胁甚大。9日11时30分，以军从南北两面向戈兰高地进攻。到6月10日晚为止，以军夺取了戈兰高地的大部分地区和通往大马士革的几条主要公路，夺取了横跨阿拉伯地区通往黎巴嫩的输油管。

6月11日，叙利亚和以色列签署停火协议。至此，“六·五战争”宣告结束。

在六天的战争中，埃及、约旦、叙利亚三个阿拉伯国家遭受严重损失，伤亡和被俘达六万余人，而以色列仅死亡983人。战争中有一百万阿拉伯人和巴勒斯坦人逃离家园，沦为难民。通过这次战争，以色列占领了加沙地带和埃及的西奈半岛，约旦河西岸，耶路撒冷旧城和叙利亚的戈兰高地共六万多平方公里的土地，在这次战争中占领的土地是它战前的四倍。

五、第四次中东战争

第三次中东战争后，苏联、美国为控制中东国家，都竭力维持阿以之间“不战不和”的局面。埃、叙军民对此十分不满。埃及、叙利亚为收复失地，进行了长达六年的军事准备。埃、叙领导集团看到战争条件已经成熟，决定向以色列开战，从而爆发了第四次中东战争。

1973年10月6日下午，埃、叙两军乘以军过赎罪节，从西、北两线同时向以军发动突然袭击。西线埃军先头部队在地面炮火和空军支援下，强渡运河成功。随后埃军八万人通过运河，突破了巴列夫防线，继而收复西奈第二大城市坎塔腊。埃军击退了以军装甲部队的三次反扑，控制了运河以东十至十五公里的地区。北线叙军以三个师的兵力于埃军发动进攻的同一时刻，在空军掩护下，在戈兰高地分三路向以军阵地发动全面攻击并突破以军防线，包围了戈兰高地重镇库奈塔腊，最远处向前推进了三十五公里。以军为了改变两线作战的不利局面，决定先稳定叙以战线，解除对以色列本土的威胁，然后集中力量对付埃及。10日西线埃军停止进攻。以军抓住这一战机，在北线集中约十万人的兵力对叙军实施猛烈反击，突破叙军阵地，叙军被迫退出戈兰高地。随即以军越过1967年停火线，进犯到离叙首都约三十公里地区，并沉重打击了援叙的伊拉克和约旦的装甲部队，掌握了北线战场主动权。13日埃军又发起进攻后，以军增援西线，双方在运河东岸展开了一场大规模的坦克交战，埃军作战失利。15日，以军发现西岸埃军两个军团的结合部防卫薄弱且后方空虚，立即派出一支装甲特遣队偷渡到运河西岸，摧毁了埃军的地空导弹阵地和高炮阵地，后续过河部队沿运河向南发起进攻。埃军西岸兵力不足，东岸部队不敢调回，处境十分被动。24日以军完成了对苏伊士城、埃军第三军团的包围。阿拉伯国家在战局不利的形势下，与以色列达成停火。

第四次中东战争在政治上是一次冲击，打破了阿以关系的僵局。战后双方开始就用土地换和平的可能性举行了谈判。它在军事上则显示出战争中导弹一电子时代的到来。

六、第五次中东战争

1982年6月4日，以色列趁阿拉伯国家之间关系处于分裂不和之机，在美国的支持下，以摧毁巴解武装力量为战略目标，发动了对黎巴嫩大规模入侵的第五次中东战争，先后出动兵力达十二万人。战争头两天，以军连续空袭黎境内南部多处巴解组织目标和贝鲁特机场，第三天以军大批地面部队入侵黎巴嫩，在长达五十三公里的战线上的多处巴解部队据点被以军攻占。不久以军退至距贝鲁特二十四公里处。驻黎叙军与以军很快也发生交火，并在贝鲁特上空进行了空战。9日，九十架以军飞机空袭贝卡谷地，叙军的地空导弹基地连被摧毁。经一系列战斗后，叙军被迫撤至距以色列北部边界炮火射程之外的地区，叙以双方宣布停火，但巴解仍在战斗。12日在贝鲁特遭到猛烈轰炸一天后，以色列和巴解组织同意开始停火。

可是以军与叙军和巴解游击队仍发生大规模战斗。自7月24日以后，以军除在被围的贝鲁特以外地区与叙军发生个别战斗外，开始了对贝鲁特西区巴解组织进行大规模重点进攻，巴解总部遭到空袭，巴解部队虽然进行了顽强抗击，但是也遭受了重大损失。双方再次同意停火后，8月21日，在联合国部队监护下，巴解部队从贝鲁特分散撤往8个阿拉伯国家。这次战争急剧恶化了中东地区局势，同时也加速了以高技术武器为核心的军备竞赛。

通过5次大规模战争，以色列几乎占有了巴勒斯坦的全部领土和其他阿拉伯国家的部分领土，却无法使其阿拉伯邻国承认它在中东的永久合法地位。

中东战争现在已经成为一个复杂的政治问题，它已经不能用单纯的战争方式来解决了。

点评

冷战结束以来，阿以关系趋向缓和，和平进程已出现不可阻挡的势头，中东和平的曙光第一次显现，但中东和平之路却很遥远。因为中东问题已经不是单纯的阿以之间的问题，它已经成为关系各方利益、错综复杂的国际问题。世界各国人民都希望阿以冲突早日和平解决。

著名军事家的故事

孙武与《孙子兵法》

作为军事家，孙武可以说是无人不知、无人不晓。被后人尊崇为“兵圣”“兵家之祖”和“兵家之师”的孙武，字长卿，齐国乐安（今山东惠民）人，是春秋时期吴国名将和伟大的军事理论家。孙武从小就喜爱兵法，渴望探求战争制胜之道。

吴王阖闾刚夺得王位时，一心想扩充军备，建立霸业，急需统兵征战的大将之才。孙武遂受好友、时任吴国大臣的伍子胥推荐入宫，并把自己撰写的兵法13篇呈献给吴王。吴王将这13篇兵法一一看完，赞不绝口，却不知孙武是否能将这些理论运用于实战，便问他：“你的13篇兵法，我都看过了。可以小试一下指挥队伍吗？”

孙武回答说："可以。"吴王又问道："可以用妇女来试吗？"孙武答："可以。"于是，吴王派出宫中美女共一百八十人，交由孙武操演。

孙武把一百八十名宫女分成两队，由吴王宠爱的两个妃子分别担任两队队长，并命令所有人都拿着戟。孙武问她们道："你们都知道自己的前心、左右手和后背吗？"宫女们回答："知道。"孙武又解释说："向前，就是看前心所对的方向；向左，看左手方向；向右，看右手方向；向后，转朝背的方向。"宫女们回答："是。"

孙武命人将执法用的斧钺竖立起来，反复重申军法，然后击鼓发令向左，然而宫女们听见鼓声，觉得好玩极了，个个捧腹大笑。孙武说："是我规定不明确，你们军令军法不熟悉，错在将帅。"于是再次三令五申，击鼓发令。宫女们仍大笑不止。孙武说："规定不明确，军令军法不熟悉，是将帅之错；既然已反复地说明了，仍不执行命令，那就是下级士官的错了。"接着下令将两位队长斩首。

吴王见孙武要杀掉自己的爱妃，慌忙派人来传令说："我已经知道将军善于用兵了。我没有这两个爱妃，连饭也吃不下，请将军不要杀她们。"孙武断然回绝道："臣既然已受命为将，将在军中，君命有所不受。"下令开刀问斩。接着任命两队排头的宫女为队长，重新击鼓发令，这下宫女们左右前后整齐，都合乎规定和要求。

孙武派人向吴王报告说："队伍已训练整齐，请吴王下来看看！这样的队伍，无论君王怎样使用它，即便是赴汤蹈火，也是可以的。"吴王失去爱妃，痛心不已，不想下去看。孙武说："看来吴王只是喜爱兵法上的词句，并不想真正去运用它。"吴王虽不高兴，但却因此了解到孙武是一位既能著书立说，又能统兵作战的军事奇才，终于封孙武为将军，令他日夜练兵，准备伐楚。

孙子是中国历史上第一个将军队的管理和训练放在战略高度来考察的军事家。

孙武指挥的战役中，最著名的，莫过于柏举之战。

公元前5世纪初，吴国伐楚战争准备已经完成，吴王遂拜孙武为主将，率三万精兵，溯淮水浩荡西进。进抵淮汭（今河南潢州西北）时，孙武突然舍舟登陆，以三千多名精锐士卒为前锋，迅速地通过楚国北部大隧、直辕、冥阨三关险隘（今河南信阳南），直插楚国纵深。楚军措手不及，被迫在柏举（今湖北麻城）仓猝应战。楚军大败，吴军乘胜追击，先后用“半渡而击”等战法，十一天行军七百里，五战五捷，一举攻陷楚都郢都。楚昭王弃城仓皇南逃。

柏举之战成了中国战争史上以三万人胜二十万人快速取胜的光辉战例。战国时期军事家尉缭子赞道：“有提三万之众，而天下莫当者谁？曰武子也。”

在接下来的艾陵之战中，孙武再次显露出其杰出的军事才能，辅佐吴王夫差战胜齐国，从而使吴国国威大振，在两年后的黄池会盟中取代晋国成为霸主。司马迁在《史记·孙子吴起列传》里指出：“（吴国）西破强楚，入郢；北威齐、晋，显名诸侯，孙子与有力焉！”

孙武后来的命运如何，至今还是个谜。一种说法是，孙武辅佐吴王夫差建立霸业后，深知“飞鸟尽，良弓藏；狡兔死，走狗烹”的道理，遂退隐林泉，从事著述以余终年。另一种说法是，他重返齐国，在家乡隐居授徒。

孙武最重要的贡献是他留给后世一部不朽的军事名著——《孙子兵法》，也就是孙武当时献给吴王的那13篇兵法。《孙子兵法》共五千余字，但这短短的几千字里包却含着一套博大精深的理论体系和十分丰富的思想内容。历代兵学家、军事家无不从中汲取养料，用于指导战争实践和发展军事理论。

《孙子兵法》是迄今可以见到的最早的军事理论著作，它构筑了一个精美恢宏的兵学体系，影响了后世兵学发展的方向，在传统兵学中占有十分重要的地位。我们常说的“不战而屈人之兵”就是它提出的全胜战略思想，成为后世用兵者孜孜以求的理想境界。

明人茅元仪在评价《孙子》一书时说：“前孙子者，孙子不遗；后孙子者，不能遗孙子。”《孙子兵法》被尊为兵经，被历代兵家奉为圭臬，其原因正在于此。

点评

孙武是春秋时期吴国名将和伟大的军事家。孙武的不朽军事名著——《孙子兵法》——以其博大精深的军事理论体系和丰富的思想内容，影响着中国乃至世界军事学术的发展。

吴起与《外吴兵法》

吴起是战国时期著名的政治家、军事家。他是卫国人，他的一生经历丰富，曾当过鲁国的将军，魏国的高官，还当过楚国的宰相。

吴起在楚国当宰相期间感悼王知遇之恩，竭尽全力进行改革，终于使楚国走上强盛之路。随后，吴起率楚军南征北战，取得了“南平百越，北平陈、蔡，却三晋，西伐秦”的赫赫战功，一时威震诸侯，扬名天下。

吴起带兵打仗，时刻把士兵的冷暖挂在心上。一次，吴起率领楚国军队去打仗，行军时刚好阴雨连绵，泥烂路滑不好走，辎重跟不上，走在前面的士兵眼看就要断粮了。

这天，雨总算停了，有位年长的伍长，抱来一堆湿柴，想点个火堆，让大家烘烘衣裳。可他把打火石连敲了几十下，也没能把柴草点着。这时，有个腿上受了伤的年轻士兵，一瘸一拐地走来，也想试试。伍长说：“李山，你还是坐着歇会儿，别白费劲了。”李山放下了打火石。打火石一落地，立刻被一个人捡去了。

这人身穿粗麻布短衣，满脸络腮胡子，看上去四十来岁。他一声不响地从怀里掏出一团麻絮，把它撕开，放在柴草上，用打火石打起火来，不一会儿，打火石溅起的火星点燃了麻絮，又烧着了柴草，火头越烧越大。络腮胡子笑着解下自己身上的粮袋，将米倒出来，招呼伍长说：“来呀，给大家弄饭吃呀！”

伍长一见，忙招呼大家把身上剩下来的米全倒进锅里。做饭时络腮胡子腿一盘，跟士卒们讲起故事来。

络腮胡子一边讲，一边将伍长披在身上的衣裳拿下来，在火堆上烤干。

伍长问：“老哥，你也是火头军？”

络腮胡子笑笑："跟你一样，是打仗的！"

络腮胡子见李山靠着树躺着，脸色发白，便关心地问："怎么，病了？"

伍长叹口气说："唉，夜里行军时，被树桩戳伤了，伤口还在流脓呢。"

络腮胡子一听，提起李山的裤腿，只见李山小腿上有块红肿，正流着脓血。络腮胡子将自己的上衣一脱，铺在地上，让李山躺下，又从自己腰里扯下一块布，叫伍长倒些热水在盆里。他用布蘸着热水，小心翼翼地在李山伤口四周擦起来，擦了一会儿，忽然趴在地上，抱着李山的小腿，用嘴巴在伤口上用力地吮吸起来。李山只觉得一阵阵疼痛，挣扎着要爬起来，但络腮胡子力大无比，一只手压着他的肚子，他怎么也翻不过身。

络腮胡子在伤口上吮一阵，吐一口，吮一阵，吐一口。啊，他吮出来的全是黄里带红的脓血。周围的士卒们呆呆地看着，都惊奇得说不出话来。

后来，士兵们才知道，这位络腮胡子就是他们的将军吴起。因为爱护士兵，吴起的士兵都很爱戴他，在战场上作战时勇往直前，从不后退。吴起的一生经历丰富，带过兵，拜过相；做宰相时，朝令威严，深服众心。

吴起撰有《吴子》《吴起玉帐阴符》三卷、《吴起教战法》等兵书。《吴子》一书虽仅五千字左右，但内容十分丰富，是继《孙子》以后又一部体系完备、思想精深、具有重大理论价值的兵学论著，在中国古代兵学史上占有极其重要的地位。

点评

吴起是一个极有原则和立场的人，他严于律己、宽以待人，也正是由于这种对士兵如家人长辈般的关爱，才赢得了士兵们的拥护和爱戴。或许，这就是他成为一代名将的原因之一吧。

孙膑与《孙膑兵法》

孙膑是“兵圣”孙武的后代，战国时期杰出的军事家，齐国阿（今山东阳谷东北）人，生卒年月不详，大约与商鞅、孟子同时。他的一生坎坷不平，连真实姓名也没有留下。他曾拜兵学家鬼谷子为师，与魏国大将庞涓是同窗好友。鬼谷子是一位隐士，长于兵学和纵横捭阖之术。孙膑在他门下学到了许多知识。后来庞涓当了魏国的将军，妒忌孙膑的才能，就派人把他诓骗到魏国，处以膑刑（挖去膝盖骨），所以人们称他为孙膑。

后来，孙膑得到齐国使臣的帮助，逃离魏国，到了齐国，做了齐国大将田忌门下的宾客。当时，在齐国的王公贵族中流行一种赛马活动，田忌也经常参加。有一次，孙膑观看田忌和齐威王及诸公子赛马，他看到他们的马各分上、中、下三等，实力相差不多，就对田忌说：“你尽量多下赌注，我能让你得胜。”比赛开始时，他建议田忌用下等马和对方的上等马比赛，先主动输掉一局，然后用上等马和对方的中等马比赛，用中等马和对方的下等马比赛。田忌采用孙膑的建议，结果负一局，胜两局，赢得了千金。这个小小的故事，后来被传为千古佳话。它揭示了军事上一条很重要的规律，就是要善于用局部的损失，去换取全局的胜利。

他的这一思想受到历代军事家的重视和称道。这是他的朴素辩证法思想的具体运用。赛马以后，田忌非常敬重他的才能，把他推荐给齐威王。齐威王任命他为军师。从此，孙膑在战国七雄争霸的角逐中，开始崭露头角，大显身手。

不久，魏国围攻赵国都城邯郸，赵国向齐国求救。齐威王命田忌同孙膑出兵救赵。

孙膑终于得到一个向庞涓复仇的机会。但他并没有急于与庞涓在战场上相见。他劝田忌放弃领兵直趋邯郸与魏军决战的计划，趁魏军主力出兵在外，国内防务空虚之际，直捣魏都大梁（今河南开封），迫使远在异国的魏军“释赵而自救”。等庞涓回兵时，中途予以截击，这样既救了赵，又能给魏国以沉重打击，是一举而两得。

田忌采纳了孙膑“避亢捣虚”“围魏救赵”的战法，挥师直逼魏国军事重镇平陵（今山东定陶）。齐军假意攻打平陵的行动并不威胁魏国，庞涓也不急于回救，继续竭尽全力攻克邯郸。直到魏军已占领邯郸，损兵折将急需休整时，孙膑才建议齐军挥师直捣魏都大梁，逼魏惠王十万火急地命令庞涓统兵回救。庞涓接令后，不得不放弃邯郸，抛弃辎重，昼夜兼程回师。孙膑判断魏军回师必经桂陵（今河南长垣西北），立即率齐军主力北上，在桂陵设下埋伏。当魏军经长途跋涉行至桂陵时，以逸待劳的齐军突然出击，大败魏军，庞涓只身逃回魏国。这就是历史上有名的“围魏救赵之战”。

桂陵之战后，魏国虽元气大伤，但经过几年的休整后，魏国逐渐开始恢复对外进攻。几年后，魏国再次发兵进攻韩国，韩国向齐国求援。齐威王采用孙膑的主张，与韩结好却不急于发兵。待韩军五战五败，魏军也实力大损时，才于次年以田忌为主将，孙膑为军师，发兵救韩。齐军重施“围魏救赵”的战法，直驱魏都大梁。魏惠王像上次一样将攻韩的部队召回，以太子申为主将，庞涓为将军，率兵十万迎击齐军。

此次形势不同于桂陵之战，魏军是有备而来，气势旺盛。故孙膑决定因势利导，利用魏军求胜心切的弱点，诱敌冒进，再图取胜。齐军前锋与魏军稍一接触，即佯装怯战，掉头东撤。在撤退途中，有意造成军力不断削弱的假象。第一天造了十万人吃饭的锅灶，第二天减为五万人用的锅灶，第三天则只剩下三万人用的锅灶了。庞涓与孙膑交手，本来小心翼翼，害怕再次上当，但当看到齐军锅灶日减，以为齐军胆怯，三天中即逃亡了大半，这才壮起胆子，丢下辎重和步兵，只领轻车锐骑日夜兼程猛追，必欲全歼齐军，擒获孙膑。

齐军退至马陵（今河南范县西南），此地道路狭窄，地势险峻，两旁树木茂盛，是个设下埋伏的好地方。孙膑计算行程，判断魏军将于日落后追至，遂命士卒伐木堵路，并将路边一棵大树剥去树皮，在树干上写了“庞涓死于此树之下”8个大字。挑选一万名弓弩手埋伏在道路两侧的山上，约定天黑后，见到火光就一齐放箭。

日暮时分，庞涓果然率军追到马陵，发现路旁的大树被剥去树皮，上面隐隐约约写有字，就命士卒点起火把来看，待他看清树上字后，这才发现中计，急令部队撤退。但已经晚了，两旁齐军看见火光，万弩齐发，伏兵四起。魏军猝不及防，仓促应战，很快溃败，庞涓中箭，左突右冲无法突出重围，最后愤愧自杀。齐军乘胜追击，又大败魏军主力，俘获魏军主将太子申，歼灭魏军十万。这就是“马陵之战”。

马陵之战后，魏国一蹶不振，齐国则声威鹊起，称霸中原，孙膑也名扬天下。但此时，齐国上层统治集团内部矛盾日益激化。为摆脱政治上的纠纷，孙膑主动辞去军师之职，过起隐居生活。他把晚年的全部精力都用于军事理论的著述，写出流传千古的《孙膑兵法》。

点评

孙膑是战国时期杰出的军事家。他的“围魏救赵”的战法，成为中国军事史上的经典之作，为后世兵家广泛推崇。而他的《孙膑兵法》这部军事著作不但指导了我国古代的战争，即使在今天仍闪烁着它独特的光辉。

常胜将军李牧

在春秋战国时代，战国末期赵国著名军事将领李牧是一个绝不能被忽视的人物。他是战国时代赵国对秦作战最具战功的将军，廉颇、赵奢也不及他。李牧的赫赫功业主要表现在对匈奴的战绩上。

赵国在赵武灵王时期，下令国中推行“胡服骑射”，并进行了一系列改革，军事力量逐渐强大。

赵军从装备和作战方式上高度学习匈奴，建立了让六国震惊的骑兵部队。但骑射终非汉人所长；同时，从赵国惠文王、孝成王时期开始，匈奴各部经过一番整合，逐步强大起来，时常骚扰赵国北部边境。任赵国骑兵如何在中原纵横驰骋，对匈奴战争依然是屡战屡败。毕竟，以骑兵对抗匈奴，对于当时骑兵战法还相对幼稚的汉人来说，无疑是以己之短击彼之长。这种情况直到李牧戍守长城后才得以改变。李牧被赵王发配北疆，屯兵于代郡、雁门一带（今山西代县西北），驻守边关。

李牧来到边关后，根据实际情况采取有力措施加强军队的战斗力，有效地防备了匈奴的侵扰，赢得士兵们的爱戴。他的措施是：首先，任用自己认为能干的人为官，同时把收来的货物、税款掌握在自己的驻军公署，充当士卒的日常开销。其次，每日宰杀数头牛来犒赏将士，优待士兵。第三，加紧练习骑马射箭，重视警报系统，增设侦察人员。在军事上，严明法规：“匈奴入盗，急入收保，有敢捕虏者斩”。意思是说如果匈奴侵入边境，就赶紧把人马物资收拾起来，退入营垒，严加保护。若有人胆敢捕捉敌人，立即处斩！所以匈奴每次入侵，严密的警报系统发挥威力，士兵迅速退回营垒固守，不敢擅自出战。使匈奴掳掠无所得，赵国军队却因此保存了实力，多年来在人员、物资上没有多少损失，为以后的伺机反击奠定了物质基础。

可是匈奴却认为李牧这样做是出于软弱害怕，甚至连赵国守边的兵士也都抱怨自己的主将太胆怯了。赵王知道这个情况后，也责备李牧不出兵应战。但李牧对此不以为然，一切照旧。赵王发了怒，把他调了回来，同时委派别人代他为将。

新将领到任以后，采取了与李牧完全不同的策略。匈奴每次进犯，他都立即发兵迎战，可是战不能胜，物资损失和人口伤亡都很大。结果，匈奴更加猖獗，弄得边境人民无法种田和畜牧。赵王这才感到原来的责备和撤换李牧是错误的，于是派人去请李牧。李牧再三推托有病，关起门，说什么也不肯出来。赵王知道他是心病，所以还是坚持让他出来带兵。李牧对赵王说：“王必用臣，臣如前，乃敢奉令”。意思是说大王一定要用我，我的办法还是和从前一样。您如果许可，我才敢接受命令。赵王答应了他的要求。

李牧复任后，依然按照过去规定的那一套方法办事。匈奴入侵抢掠，他始终坚守不出。李牧的部下每天得赏赐而无用武之地，求战心切，都希望能与匈奴决一死战。李牧等到向匈奴开战的条件成熟了，就精选了一千三百辆战车，一万三千匹战马，五万名可以冲锋陷阵、破敌擒将的敢死之士和十万名善射之士，并把这些挑选出的战士组织起来，进行严格的战斗训练。同时，动员老百姓把所有的牲畜都赶出来放牧。匈奴看到满山遍野的牛羊马匹，垂涎三尺，就派一小股部队入境抢掠。李牧这次一反惯例，出兵迎击。刚一交战，就假装战败。匈奴单于认为汉边守军不堪一击，就率领大军大举入侵赵国。李牧先是诱敌深入，同时，他将军队分为两支，从两翼对敌展开合围，以迅雷不及掩耳之势出击，一举歼灭匈奴骑兵十余万，匈奴单于仓皇逃命。接着，李牧又率大军乘胜追击，消灭了襜褴（古代北方部族建立的一个国家），打败了东胡（古代北方的部族名，位于匈奴之东），降服了林胡（古代北方的部族名），连战连捷，威震群胡。其后十多年，赵国北边稳固，匈奴不敢接近赵国边境的城邑。李牧也因此成为继廉颇、赵奢之后赵国最重要的将领。

李牧破匈之战，先是坚壁清野，积极防御，为以后的破匈之战做好准备工作。然后故意以弱示敌，从心理上麻痹敌人，让对手产生轻敌思想，从而争取到歼敌的有利战机。

李牧是匈奴崛起后第一个与之大规模交锋的汉族将领，并取得赵匈之战的大捷，从而解除了赵国北部的严重压力，使赵国能腾出手来西拒强秦，意义非凡。同时，在此战中，李牧创造了步兵大兵团围歼骑兵大兵团的奇迹，堪称军事史上的典型范例，这次战役同时也是农业民族战胜游牧民族的第一个成功战例。

在解除匈奴的军事威胁以后，李牧到朝中任职。他曾因国事需要调回朝中，以相国身份出使秦国，订立盟约，使秦国归还了赵国之质子。两年后悼襄王继位。当时，赵奢、蔺相如已死，廉颇与乐乘均出走他国，李牧成为朝中重臣。

此时，秦国迅速地兼并了魏国的大片土地，迫使魏国臣服之后，把主要兵力对向赵国。

秦赵战争中，赵将扈辄为秦将桓齮（又称樊於期）所败，丧师十万。秦又自北路进攻赵的后方，形势危急，赵任命李牧为大将军，率兵南下反击秦军，在宜安（今河北藁城县西南二十里）大破秦军，十万余秦军全部被歼。桓齮仅率少量亲兵冲出重围，畏罪逃奔燕国。此战给秦国以沉重打击，李牧因功被封武安君。

不久，秦又攻赵国番吾（今河北省平山县南），李牧出兵迎战，再次重创秦军，但赵国的军力损失也很大。当时韩、魏已听命于秦，随秦军攻赵，李牧为此又向南进军，抵御韩、魏的进攻。

接着，秦派王翦攻赵，赵以李牧、司马尚抵抗。秦军久攻不入，就以反间计重金贿赂赵王宠臣郭开，他在赵王面前散布李牧、司马尚想谋反，赵王中计，派赵葱和颜聚取代李牧。李牧不从命，赵国暗中布置圈套捕获李牧并斩杀了他，死后葬在今山西省襄汾县西的考村。之后撤换了司马尚。赵国临战却亲佞臣诛良将。三个月后，秦将王翦乘势急攻，大破赵军，杀赵葱，虏赵王迁及颜聚，赵国灭亡。

综观李牧的军事生涯，深得士兵和人民的爱戴，有着崇高的威望。同时，又非常善于运用谋略，从心理上把握对方，控制对方，取得最理想的军事态势。面对复杂的军事对抗，能恰到好处地使用军事战术，达到战役目的，实为不可多得的一代名将。他的无辜被害，使赵国自毁长城，加速了灭亡。

点评

李牧保家卫国、抗击匈奴的壮举至今仍被人们所津津乐道，而他顽强的性格、不屈的操守更是我们青少年学习的榜样。

以韬略著称的将军——白起

白起，中国战国时期最杰出的军事将领，曾率秦军攻韩击魏，远慑荆楚，兵锋所向，各国披靡。

春秋战国时代是一个战争频繁、英雄辈出的时代，在这段历史时期发生了很多不平凡的战争故事。纵观烽火连天、刀光剑影的二百七十年战国历史，就战争规模之大、杀伤程度之烈而言，在当时的众多战争中，没有比白起指挥的秦赵长平之战更为惊心动魄的了。《孟子·离娄》描绘战国时期的战争场面是："争地以战，杀人盈野；争城以战，杀人盈城。"

长平之战是秦、赵之间的一次战略决战。在战争中，秦军主帅白起贯彻正确的战略指导，采用灵活多变的战术，一举歼灭赵军四十五万人，开创了我国历史上最早、规模最大的包围歼敌战先例。

当时的秦国任用商鞅实行变法，国势强盛，已成为战国七雄中实力最强大的国家。而赵国自"胡服骑射"军事改革以来，国势也日渐强盛，又拥有廉颇、赵奢、李牧等一批能征惯战的将领，尚可与强秦进行一番周旋。事情很清楚，秦国要完成统一六国的惊世伟业，一定得拔去赵国这颗钉子。自然，赵国也不是好惹的，岂会甘心束手就擒。两国之间的战略决战势所难免。

秦昭王采用范雎远交近攻之策，结好齐国，先攻韩、魏，逐次推进。

秦先后攻取了韩地少曲（今河南济源东北）、高平（今河南济源南）、南阳（今河南王屋山南）、野山（今河南沁阳）等地，切断了上党郡与韩国本土的联系。韩桓惠王大惧，急忙派人向秦国献上党求和。上党郡守冯亭想借赵军抗秦，私自把上党献给了赵国。他的用意当然清楚：转移秦军锋芒，促成赵、韩携手，联合抵御秦国。赵王目光短浅，在不计后果的情况下，贪图小利，将上党并入自己的版图。赵国派大将廉颇率领大军进驻上党的长平。秦国眼看着到口的肥肉叫赵国夺去，实不甘心。这样，战国时期规模空前的长平之战的序幕就揭开了。

秦国派王翦将军率军远征上党。廉颇初战不利，知道秦军从遥远的秦国来到上党，旅途劳顿，速战速决最为有利，决心以守为攻，命令赵军准备好坚固的军事工事，挖了高高的城墙，修筑了坚固的堡垒，依托有利地形，以逸待劳，拒不出战，使秦军陷于疲惫之中。廉颇的这一策略发生了作用，秦军的进攻势头被抑制了，两军在长平一带相持不下。

秦军见不能速胜，就想除掉廉颇，遂派人用重金贿赂赵国的权臣，散布流言说廉颇有降意，不足为虑，应由赵奢的儿子赵括为将。赵王本来就对廉颇失利不战不满，就轻信了谣言，中了秦国的反间计，用赵括替代了廉颇。赵括虽然把兵书读得很熟，但只会纸上谈兵，毫无实战经验。他到了长平后，一反廉颇所为，更换将领，改变军中制度，搞得全军官兵离心离德、斗志消沉。他改变了廉颇的战略防御方针，积极筹划战略进攻，企图一举而胜，夺回上党。

秦国知道赵军主将易人，也秘密起用白起为将。赵括为迎合赵王急欲取胜之心，到任后即连续向秦军发起进攻，意在决战。

白起用小股秦军挑战，随后假装败退。赵括统帅赵军向秦军发起了大规模进攻。两军稍事交锋，秦军的诱敌部队即佯败后退。赵括不问虚实，立即实施追击。赵军前进到秦军的预定阵地——长壁——后，即遭到了秦军主力的坚强抵抗，攻势受挫。

赵括欲退兵，但为时已晚，预先埋伏的秦军两翼二万五千奇兵迅速出击，及时插到赵军进攻部队的后方，切断了赵军与其营垒的联系，构成了对进攻赵军的包围。另外的五千骑兵也迅速地插到了赵军的营垒之间，牵制、监视留守营垒的赵军。白起又下令突击部队不断出击被围的赵军。赵军数战不利，情况危急，被迫就地构筑营垒，转攻为守，等待救援。

白起见赵军人多，一时无法全歼，遂采取长围久固之策，断其粮道。秦昭王听到秦军包围赵军的消息，亲赴河内（今河南沁阳），把当地十五岁以上的男丁组编成军，增援长平战场。这支部队占据长平以北的丹珠岭及其以东一带高地，断绝赵国的援军和后勤补给，从而确保了白起彻底地歼灭被围的赵军。

九月，赵军断粮已达四十六天，内部互相残杀夺取食物，军心动摇，局势非常危急。赵括组织了四支突围部队，轮番冲击秦军阵地，希望打开一条血路突围，但都未能奏效。绝望之中，赵括孤注一掷，亲率赵军精锐部队强行突围，结果仍遭惨败，自己也命丧秦军乱箭之下。

赵军失去主将，斗志全无，遂不再作抵抗，全部解甲投降。这四十万赵军降卒，除幼小的二百四十人外，全部被白起坑杀。白起的这个残忍的决定，几乎吓破了赵国人的胆，并使赵国在很长的时间内十室九空，无可用之兵。秦军终于取得了空前激烈残酷的长平之战的彻底胜利。

长平之战是中国战争史上的杰作。大将白起在这场战争中，以自己杰出的军事指挥才能，开创了我国历史上最早、规模最大的包围战先例。从此，白起名震诸侯。

点评

指挥者往往是决定战争成败的关键，当轻信的赵王、只会纸上谈兵的赵括遇到深谋远虑、足智多谋的白起，那成败也就尽在意料之中。在我们生活中也是一样，轻信、妄为只会给对手以可乘之机。

西汉“战神”韩信

唐代诗人王涯在《从军行》里盛赞韩信的高超谋略和指挥艺术：“戈甲从军久，风云识阵难。今朝拜韩信，计日斩成安。”在历时近五年的楚汉战争中，汉大将韩信表现出了“连百万之军，战必胜，攻必取”的卓越智谋和用兵韬略，其战绩堪称军事史上的奇观。

韩信，汉初军事家，淮阴（今属江苏）人。年少时父母双亡，家道贫寒，却刻苦读书，熟演兵法，怀安邦定国之抱负。苦于生计无着，于不得已时，在熟人家里吃口闲饭，有时也到淮水边上钓鱼换钱，屡屡遭到周围人的歧视和冷遇。

一次，一群恶少当众羞辱韩信。有一个屠夫对韩信说：你虽然长得又高又大，喜欢带刀佩剑，其实你胆子小得很。有本事的话，你敢用你的配剑来刺我吗？如果不敢，就从我的裤裆下钻过去。韩信自知形只影单，硬拼肯定吃亏。于是，当着许多围观人的面，从那个屠夫的裤裆下钻了过去。史书上称“胯下之辱”。

公元前2世纪初，陈胜、吴广揭竿而起。韩信配剑从军，投身项梁的西楚军。项梁战死后，继随项羽，但未受项羽重用，只是充当一名执戟卫士。他多次向项羽献策，均不被采纳。于是他愤然逃出楚营，投奔汉王刘邦。刘邦初始也没把他当将才使用，只任命他为治粟都尉。韩信见刘邦不肯重用，决意离汉营而去。丞相萧何素知韩信之才，闻讯即刻骑马月夜苦追，将他劝回，由此留下了“萧何月下追韩信”的美谈。后来，刘邦在萧何的屡次劝说下，亲自与韩信讨论军国大事，确信韩信为稀世之才，遂举行仪式，拜为大将。

韩信率一万余新招募的汉军越过太行山，向东挺进，攻打项羽的附属国赵国。赵王歇和赵军统帅成安君陈余集中二十万兵力于太行山区的井陉口（今河北井陉东），占据有利地形，准备与韩信决战。井陉口是太行山八大隘口之一，在它以西，有一条长约百里的狭窄驿道，易守难攻，不利于大部队行动。当时，赵军谋士李左车向陈余建议：正面坚壁不战，用一部分兵力绕到敌后切断汉军粮道，使韩信向前无法作战，向后无法撤退的两难境地，最后前后夹击，一战而擒韩信。但陈余却是一名崇尚正面攻击的古典派军人，认为韩信兵少而疲，不应避而不战。他拒绝了李左车的建议，刻板地遵从兵书上“十则围之，倍则战”的公式行事。

韩信深谋远虑，自知双方兵力相差悬殊，如采用强攻，必会受挫，于是决定在离井陉口很远的地方驻扎下来，反复研究地形地势和赵军部署。当韩信探知李左车的计策没有被采纳，赵军主帅陈余有轻敌情绪和希图速决的情况后，立即指挥部队进到离井陉口三十里远地方扎下营来。他选拔了两千轻骑，每人带一面汉军的红旗，乘天黑悄悄从山间小道迂回到赵军大营的侧后方埋伏，等翌日见赵军出动，营垒空虚之时，攻入赵军大营，把赵军旗帜拔下，插上汉军旗帜。当夜，韩信传令部队就餐，他对将校们说：“少餐即可，待今日破赵之后再饱餐。”将校们将信将疑，只能从命。韩信遂即传令击鼓，举起大将旗帜，向井陉口进发，他说：“赵军已先我占据了有利地形，筑垒以待，看不到大将旗仗，怕他们疑我尚在后军，不肯发起攻击。”

当汉军接近井陉口时，韩信连骑哨都不派，立即传令中军主力全部前出到河边背水列阵，营垒上的赵军远远见汉军背水列阵，无路可退，纷纷讥笑韩信不懂兵法。少顷，天色已然大亮，汉军阵营扬起一阵轻尘，随着激越的鼓声，一队旗仗转出，韩信在众将校的簇拥下纵马来到阵前。陈余眼见韩信兵少，自己又占据有利地势，于是率轻骑锐卒蜂拥而出，欲生擒韩信。韩信令弃旗鼓仪仗，迅速转入阵中。陈余见此情景，当即下令全营出击，直逼汉阵。汉军因临河而战已无路可退，所以人人奋勇，个个争先。双方厮杀半日有余，赵军仍未能获胜。这时赵军营垒已空，韩信预先伏下的两千轻骑直驰而入，在赵军营垒遍插汉军红旗。鏖战中的赵军突然发现背后营垒插满汉旗，队形立时大乱。韩信挥军趁势反击，将二十万赵军杀得大败，斩杀赵军统帅陈余，生擒赵王歇。

战后，汉军将士们饮宴相贺，他们纷纷问韩信："将军叫我们背水列阵，这是有悖兵法的啊，为什么竟然能取胜呢？"韩信哈哈大笑："兵法上不是都说了吗？置之死地而后生，置之亡地而后存。如果我给你们一条生路，士卒们能拼死作战吗？"诸将这才领悟了背水列阵制胜之奥妙，对韩信大为钦服。这就是韩信辉煌战例中的精粹——井陉之战。

不久，韩信又用重兵急袭的办法攻破了齐都临淄。楚将龙且急领二十万人马来援，与败退的齐军会师于高密，然后与汉军隔潍水对峙。韩信秘密派人用一万多个沙袋，乘暗夜在上游把潍水堵住。天明后派部分军队渡过潍水，在侧后攻击楚军，继而佯装溃败。龙且误以为汉军胆怯，率主力渡潍水追击。韩信命部属掘开上游堤坝，将楚军冲成两段，汉军运用半渡而击的办法，把已渡水的楚军全歼，龙且被杀。未渡水的齐楚联军不战自溃。韩信趁势挥军追歼逃敌，俘虏齐王田广，全部平定了齐地。

韩信攻占齐地后，项羽恐慌万分，连忙派人去游说韩信，以三分天下为条件，希望韩信反汉联楚，被韩信所拒绝。韩信的谋士蒯通劝他："将军难道没有听说过勇略震主者身危，功盖天下者不赏的道理吗？……将军如今既有震主的威名，又挟难赏的大功，归楚，楚不信；归汉，汉王震恐。若不自立为王，何处是你的归宿呢？"韩信听了连连摆手道："请不要再说了，汉王待我十分厚恩，把他的车给我乘，把他的衣给我穿，把他的饭给我吃。古人说过：乘人家的车，要替人分担忧患；穿人家的衣，也应替人分担忧患；吃人家的饭，就应该为人家卖命。我怎么能见利忘义呢？"于是，谢绝了蒯通的建议。可是齐地初定，需立王掌政以安民心。所以韩信已遣使修书请求刘邦立他为假齐王（代理齐王）。当时，刘邦正被项羽困在荥阳，自顾不暇，看罢来书后勃然大怒，本不想应允。后来，听取了张良和陈平的意见后，又说："大丈夫平定了诸侯就是真王，当假王干什么！"于是，立韩信为齐王，并征调他的部队攻楚。

公元前 202 年，楚、汉两军在垓下展开决战。刘邦以韩信为主将，统一指挥各路大军。项羽指挥十万楚军，从正面向汉军阵地猛攻。韩信采用典型的侧翼攻击战法，令汉军中军稍稍后退，避开楚军锐气，而将两翼展开，实行侧击，然后再令中军推进，一下子完成了合围。入夜，韩信令汉军四面唱起楚歌，终使楚军丧失斗志，被汉军一举聚歼于垓下。

项羽眼见大势已去，慷慨自刎于乌江边。历时五年的楚汉战争以汉王刘邦夺得天下而告终。

韩信的军事才能令刘邦极度不安，故在项羽败亡后，即夺其兵权，徙为楚王，继又黜为淮阴侯，软禁于刘邦身边。一天，刘邦问韩信："你看我能带多少兵？"韩信答："陛下不过能带十万之军。"刘邦又问："那么你呢？"韩信怔了一下，突然狂傲地大笑："我是多多益善啊！"这就是歇后语"韩信领（将）兵——多多益善"的来历。

据传说，韩信被刘邦软禁期间，为传授兵法给一个狱卒，韩信发明了今天的"象棋"。他告诉狱卒："这个方框就是千军万马的大战场，两面各代表一方的军力。下棋要通盘筹划、以不变应万变……""象棋"渐渐流传开来，至今仍被人们所喜爱。

韩信的绝世军功和才华终于招来了杀身之祸，公元前196年，吕后和萧何诱韩信至长乐宫的钟室，以谋反罪名杀之。一代名将，死非其所，实堪哀伤。

韩信以项羽帐下执戟卫士的低微身份，几年内登坛拜将，屡建奇勋，终至成为左右楚汉战争的一方诸侯。蒯通以"略不世出"来赞誉这位叱咤风云的军事人物。其用兵之道，为后世兵家所推崇。

点评

韩信在年少父母双亡、家道贫寒的情况下，仍能刻苦读书，熟演兵法，终成盖世英豪。我们也一样，只要心存理想，心怀目标，坚定信念，任何困难都不能把我们打倒，再大的风雨只会让我们更坚强。

抗击匈奴名将——卫青

卫青是汉朝著名的军事将领，汉匈战争里贡献最大的将领。卫青是一位人品与才华俱佳的将领，他性格谦和，礼贤下士，从不居功自傲，体恤士卒，因此很得部下的拥戴。这样的将领在中国历史上并不多见，也许这与他自小贫苦的出身有很大的关系。他去世后，汉武帝为他修筑了林木茂密的陵墓，也许正象征了他谦谦君子的品格。

汉朝反击匈奴的第一个胜仗——龙城战役——就是卫青指挥的，虽然只消灭敌人七百人，但却粉碎了许多汉朝主和大臣所宣扬的“匈奴不可战胜”的神话，使汉朝将士树立了必胜匈奴的坚定信念。

卫青最具代表性的战例是漠北大决战，可以说这是一场把他的智慧与勇气发挥到极致的战斗，在战斗中体现了他谨慎小心的作风和关键时刻超乎寻常的果敢。

当时，卫青从定襄出塞，向北疾走一千余里，横越沙漠。匈奴首领伊稚斜单于下令把辎重和所有部落都向北再行撤退，把所有的精兵都留下来，布置在大沙漠以北，等待汉军的到来。当时的一切作战条件都对卫青不利。汉军远征作战，鞍马劳顿，而匈奴以逸待劳、背水一战、士气高昂，并集中了所有精锐部队。

卫青见伊稚斜单于以逸待劳，也不从正面冲击，以免造成太大的损失。卫青想出了一条诱敌之计：下令士兵们用顶上有帷布的武刚车围成阵营，叫五千骑兵抵挡住匈奴人的正面，其余军队在武刚车阵后面和两翼埋伏起来。只要匈奴人离开营垒，对于汉军的攻击会格外的有利。

伊稚斜单于求战心切，看到汉军用五千人防守正面，以为汉军还没有恢复长途行军的疲劳，只有少数汉军能够投入战斗，便命令一万骑兵出击汉军武刚车阵。

两军都是精锐，所以战斗场面十分惨烈，往来厮杀，一直到黄昏时分。这时候，忽然从沙漠中刮起旋风，沙砾被卷入到半空之中，撞击着人脸。整个战场上尘土滚滚，一片昏暗，两军互相不能辨别，只能凭着感觉一顿乱杀乱砍。

卫青见时机已到，下令留守在武刚车阵后面的大军分别从左右两翼迅速展开，用大迂回的办法攻击匈奴主力的后卫部队。汉军趁着夜色昏暗，迅速地完成了对伊稚斜单于主力的包围。

伊稚斜单于这才发现中了圈套。他发现汉军的数量竟是如此之多，而且兵强马壮，心中大为震惊。何况匈奴士兵不习惯于夜战，难以抵挡汉军的凶猛攻击。伊稚斜单于知道无法取胜，于是骑上有耐力的健骡，在数百名精锐骑兵的保护之下，杀开一条血路，突出了汉军的重围，趁着昏暗的夜色，向着西北方向落荒而逃。

大将军卫青正在指挥将士猛攻，忽然听说单于逃出包围圈，急忙派轻骑兵追击。这时，战场上的汉匈士兵仍喋血黄沙，奋力搏斗，喊杀声震天动地。沙场上正在苦战的匈奴官兵，发现被单于遗弃，军心大乱，顿时瓦解，四散逃命。卫青挥军掩杀，并乘夜向西北方向挺进。轻骑兵追击了两百多里路，直到天明也没有追上伊稚斜单于。后面卫青也领着大军逐渐赶了上来。这两百多里路程没有遇到匈奴的兵力，所以没有什么收获。但昨夜的一场恶战，双方伤亡都很大。沙漠之上尸首狼藉，鲜血染红了黄沙，在朝阳照耀下发出了惨淡的红光。

漠北决战歼灭匈奴军三万多人，俘获匈奴数万，堪称是汉匈战争的决定性胜利。从此，汉朝取得了对匈奴战争的主动权，匈奴则退缩在大沙漠以北，再也无力发动南侵。

点评

战争的成败，不仅依赖于智谋与计策，更取决于领导者的果敢与决断。这种果敢与决断，加上智谋与计策，可以打破任何“不可战胜”的神话。

“封狼居胥”霍去病

李白《胡无人》诗云：“严风吹霜海草凋，筋干精坚胡马骄。汉家战士三十万，将军兼领霍嫖姚。流星白羽腰间插，剑花秋莲光出匣。天兵照雪下玉关，虏箭如沙射金甲。云龙风虎尽交回，太白入月敌可摧。敌可摧，旄头灭，履胡之肠涉胡血。悬胡青天上，埋胡紫塞傍。胡无人，汉道昌。”这首诗说的就是著名的军事家霍去病。

霍去病，汉武帝时期最为出名的将军之一，河东平阳（今山西临汾）人，为大将军卫青之甥，善骑射。

霍去病 17 岁成为汉武帝的侍中，同年在第一次河西战役中随卫青出征匈奴，任嫖姚校尉，可谓年少得志。当时，南路军张骞行动缓慢，李广只身被围，霍去病毅然改变原有作战计划，率领八百精骑长驱数百里，冒险从浑邪王的地区直插过去，突袭匈奴后方。当时霍去病只有一万兵马，而浑邪王与休屠王兵马合计不下六万人。霍去病集中优势兵力打歼灭战，抢在敌人主力部队集结以前迅速突进，各个击破，使得匈奴人虽然不断调兵遣将，其兵马却只能像羊羔入虎口一样被汉军一只一只吃掉。此役斩杀匈奴兵两千余人，俘获匈奴的相国和当户，并杀死匈奴单于的祖父和季父，勇冠全军，被封为冠军侯。更为重要的是，此战从精神上彻底摧毁了匈奴兵的抵抗力，使其畏惧汉军如虎。

不久，汉武帝任命霍去病为骠骑将军，率骑兵一万出陇西，进击匈奴右贤王部。这就是霍去病一生中著名的第二次河西战役。

霍去病率一万骑兵和公孙敖由北地分道出发（公孙敖由于迷失方向未能参加作战），避开敌军正面，而以迅速的行动楔入西北，绕到敌军侧翼，经居延泽向东南突击，他六天连破匈奴五个部族。接着越过焉支山一千多里，在祁连山麓与浑邪王、休屠王的军队展开激战，歼敌三万余人，俘虏匈奴王五人及王母、单于阏氏、王子、相国、将军等一百二十多人，降服匈奴浑邪王及部众四万人，全部占领河西走廊。匈奴为此悲歌："失我祁连山，使我六畜不蕃息；失我焉支山，使我嫁妇无颜色。"

这次作战，霍去病以惊人的胆略，在无后方支援和其他部队配合的情况下，充分发挥骑兵作战的特点，突飞猛进，灵活机动，短时间内深入匈奴军侧后两千余里，消灭匈奴军于祁连山麓，取得了重大胜利。

几年后，汉武帝命卫青、霍去病各率骑兵五万分别出定襄和代郡，深入漠北，寻歼匈奴主力，史称漠北会战。霍去病一路急行军，率军北进两千多里，越过离侯山，渡过弓闾河，在深夜时分钻到左贤王眼皮底下，拂晓对与匈奴左贤王部发动攻击，一日之内歼敌七万余人，俘虏匈奴屯头王、韩王等 3 人及将军、相国、当户、都尉等八十余人，匈奴左贤王部队几乎灭族。他乘胜追杀匈奴至狼居胥山（今内蒙古自治区境内），在狼居胥山举行了祭天封礼，在姑衍山举行了祭地禅礼，兵锋一直逼至瀚海（今贝加尔湖）。经此一战，匈奴左右贤王两只臂膀被彻底斩断，只剩下匈奴单于悬孤漠北。"匈奴远遁，而漠南无王庭"，霍去病因功授大司马。

"天妒英才"，23 岁的霍去病在长安病逝。汉武帝特命陪葬茂陵，把他的墓冢建成巍峨的祁连山形状，墓前陈列"马踏匈奴"等大型原雕石刻，以表彰他远征匈奴的丰功伟绩，并谥予他景桓侯的封号。出葬之日，命归降的匈奴将士身着黑衣黑甲，在长安至茂陵的道路两旁列成几十里军阵，为霍去病送葬。

霍去病一生四次领兵出击匈奴，均大获全胜而回，歼灭匈奴十一万多人，降服匈奴四万余众，开河西、酒泉之地，消除了匈奴对汉王朝的威胁。

霍去病一生中最经典的战役是第二次河西战役。这次战役堪称霍去病智慧与胆量的代表作，其中迂回战术的运用成为后世之人用兵的典范。

迂回，乃是进攻部队避开敌之整个防御体系，向敌之翼侧或后方实施远距离机动而形成合围态势的作战行动，是战略打击的最高阶段。

任何战略战术的实施，必须从战争的实际出发，在对比敌我双方兵力、地形等多种因素后，制定一套符合作战要求的战略计划。霍去病二战河西中迂回战略之运用，就是基于当时匈奴在遭受了第一次河西战役的重大打击之后，重兵布防于东线而设防于北面沙漠的态势。在战斗中霍去病大胆出奇兵，穿越北部沙漠，在匈奴的背后，在他们认为最不可能出现的地方，在他们懵懂之际，迅速地给予对手致命一击。

河西会战中，汉军不过一万人。而匈奴的浑邪、休屠两部却有十余万众。但是霍去病根据匈奴兵力分散的弱点，率领骑兵，以迂为直，避实击虚，逐个击破。在冷兵器时代，骑兵比步兵或其他兵种优越的地方就是具有灵活多变、突击力强的特点，尤其适应远程快速奔袭作战。在河西作战中，汉军是清一色的轻骑兵，加之取食于敌，没有后勤辎重的拖累，这也是霍去病胜利的原因。

点评

天妒英才，霍去病的英年早逝，使得多少人扼腕长叹。千载之后，世人仍然遥想少年大将霍去病的绝世风采，为他的精神和智勇而倾倒，为他那不恋奢华保家卫国的壮志而热血沸腾。

西汉名将李广

唐朝诗人王昌龄诗云："秦时明月汉时关，万里长征人未还。但使龙城飞将在，不叫胡马度阴山。"这里的龙城飞将指的就是西汉名将、人称"飞将军"的李广。

李广，少年从军，抗击匈奴，作战英勇，杀敌颇众，使汉文帝大为赞赏。九年后，汉景帝即位，李广升为骑郎将，成为景帝身边的禁卫骑兵将军。吴王、楚王叛乱时，李广以骁骑都尉官职跟随太尉周亚夫出征平叛，在昌邑城下夺得叛军军旗，立下显赫战功。此后，驻扎西北边陲做太守，抗击匈奴的入侵。

有一次，匈奴进攻上郡，李广带着一百个骑兵去追赶三个匈奴射手，追了几十里地才追上。他射死了其中的两个，把第三个活捉了，正准备回营，远远望见有几千名匈奴骑兵赶了上来。

李广手下的兵士突然碰到那么多匈奴兵，不由得都慌了。李广对他们说："我们离开大营还有几十里地。如果现在往回跑，匈奴兵追上来，我们就完了。不如干脆停下来，匈奴兵以为咱们是来引诱他们的，一定不敢来攻击我们。"

接着，李广下令前进，在离匈奴阵地仅仅两里的地方停了下来，命令兵士一起下马，把马鞍全卸下来，就地休息。

兵士们都发急了，说："匈奴兵马这么多，又这么近，要是他们打过来，怎么办?"

李广说："我们这样做，表示不走，使敌人相信我们是诱骗他们的。"

匈奴的将领看到李广这样布置，真的有点疑惑。他们远远地观察汉军动静，不敢上来。

这时候，匈奴阵地上有一个骑白马的将军，走出来巡视队伍。李广突然带着十几名骑兵翻身上马，飞驰过去，一箭把他射死。然后再回到自己队伍，下马躺在地上休息。

匈奴兵越看越怀疑。天黑下来，他们认定汉军一定有埋伏，怕汉军半夜袭击他们，就连夜全部逃回去。天亮了，李广一瞧，山上已没匈奴兵，才带着一百多名骑兵安然回到大营。

汉武帝即位后，调李广为未央卫尉。四年后，李广率军出雁门关，被成倍的匈奴大军包围。匈奴单于久仰李广威名，令部下务必生擒之。李广终因寡不敌众而受伤被俘。押解途中，他飞身夺得敌兵马匹，射杀追骑无数，终于回到了汉营。从此，李广在匈奴军中赢得了"汉之飞将军"称号。归朝后，因奸臣离间，李广被汉武帝革除军职，贬为庶人。

几年后，匈奴杀辽西太守，击败韩安国将军。汉武帝重新起用李广为右北平太守。匈奴闻"飞将军"镇守右北平，数年不敢来犯。边患虽然宁息下来，但是，右北平地带，燕山蜿蜒，草木茂密，常有猛虎出没其间，伤害人畜。为了除灭虎害，李广不辞劳瘁，冒着危险，亲自出动猎杀。

一个月黑之夜，李广又出去猎虎了，他和随从军士，搜索行进，接近了一座黑森森的大树林。猛然，一阵夜风掠过，树叶纷纷坠落，李广警觉起来，他定睛望着一个隐僻角落，见到茂密的草丛里，蜷伏着一个黑色物体，一动也不动。李广暗想："这无疑是一只伺机伤人的猛虎了。"于是，挥手示意侍从荫蔽起来，自己搭好箭，认定目标，不偏不倚地射了过去，只见火星溅射，同时，耳边传来重重的金属和石块撞击声。大家赶上去验看猎物，原来射中的并不是猛虎，而是块青色的卧牛石。第二天一早，大家仔细一看，李广射出的箭，深深地钻进石缝里。大家对飞将的神力和技艺，赞叹不止，无不现出惊讶的神色。后人有诗云"平明寻白羽，没在石棱中”。

张骞出征匈奴时，李广率四千骑兵出右北平，配合张骞。兵进数百里，突然被匈奴左贤王率四万骑兵包围，汉兵死伤过半，箭矢也快用完了。李广令士兵们引弓不发，他自己以大黄弓连续射杀匈奴裨将多人。匈奴兵将大为惊恐，纷纷被李广的神勇所镇住而不敢妄动，直到第二日，汉军主力赶到，李广军得以解出重围。

一年后，大将军卫青率军出击匈奴，李广以六十多岁的高龄任前将军职。出塞后，卫青从俘虏口中得知了单于的驻地。他想甩开李广独得大功，便令李广的前锋部队并入右翼出东道，他自带中军去追单于。李广力争无果，遂引军与右将军赵食其合军出东道。由于道路难走又无向导，终于迷了路。此时卫青与单于接战，单于逃走，卫青只得徒劳而返，在回军的路上才与右翼部队会合。卫青差亲信带着酒肉来慰问李广，向他询问右翼部队迷路的经过，又派人催逼李广的幕僚去中军接受审问。李广说：“他们无罪，迷路的责任在我，我自己去受审。”把责任全揽在自己身上。来人走后，李广望着那些多年共同生死的部将，慨然叹道：“我自少年从军，与匈奴大小七十余战，想不到现今却被大将军如此催逼，我已年过花甲，哪能再受这样的屈辱!”说罢拔出佩剑引颈自刎。一代名将，就这样含冤、悲惨地陨落了。

李广的一生，大都投入了抗击匈奴、保家卫国的事业。他身经大小七十几次战斗，由于他英勇善战，成为匈奴贵族心目中可怕的劲敌。非凡的勇敢、决断和应变能力、忠信正直的磊落襟怀，以及勇猛的作战方法，使他成为受部下拥戴、敌军闻之丧胆的一代名将。

点评

“真的猛士，敢于直面惨淡的人生，敢于正视淋漓的鲜血。”面对奸臣的离间、武帝的误会、同僚的逼迫，李广只是一心保家卫国，当连“保家卫国”这唯一的愿望也不能完成时，英雄能做的也只有“横刀向天”“肝胆昆仑”了。

帝王名将李世民

我们知道李世民是一代明君，他开创了大唐辉煌的盛事，但我们不知道的是，他还是一个著名的军事家。

听过单田方的评书或看过《隋唐演义》的人都知道著名的虎牢关大捷，这一战显示了李世民的军事才能，奠定了他的军事地位，为他日后称帝打下了基础。

隋朝灭亡，中国北方形成唐的李渊父子、郑的王世充、夏的窦建德三分天下的局面，郑据河洛、夏占河北，而唐兼有关中、三晋之地。

唐高祖武德三年，李世民力排众议，说服李渊，起大唐倾国之兵进攻王世充，开始了长达一年之久的洛阳攻坚战。

由于王世充的部队是旧隋遗留下来的精锐之师，再加上洛阳城池坚固，即使是李世民这样的军事天才亲率唐军主力日夜攻城仍然拿不下洛阳，经过几番惨烈较量之后，双方形成了僵持不下的局面。通过将近一年的围困，李世民逐渐将洛阳的外围据点全部拿下，但唐军已经师老兵疲，成为强弩之末。

武德四年春，正当唐军进退维谷、处境尴尬的时候，窦建德亲率夏军主力，支援王世充。窦建德一路过关斩将，收服其他小股势力，推进十分迅速。最后窦建德的兵力达到十几万，号称三十万，水陆并进，军粮由船队运送，溯河西上。三月中旬，这支以夏军为主的联军受到了唐军的阻截，前锋便在成皋东郊平原驻扎下来。窦建德派使者通知王世充援军已到，要洛阳方面做好接应的准备。

在东都城外军营中的秦王李世民，一直密切关注着夏军的动向，听到窦建德援军即将到来，他立即召集众将官开会，商讨应对夏军的方略。众人为窦建德强大的兵力所震慑，纷纷提议回避他的锋芒。独有宋州刺史郭孝恪提出异议。

李世民目光严峻地向在场的将官一一看去。众人知道他要讲话了，便停住了讨论。

“王世充的军队连打败仗，粮食也快要消耗光了，他君臣上下离心，不用再费力攻城，我军便可以坐等他的灭亡。窦建德新破孟海公，将士们都很骄狂，我军占据虎牢，扼住了他的咽喉。他如果冒险与我交战，我消灭他便很容易。如果他狐疑不决，不敢向我进攻，那么，二三十天内，王世充粮食吃完，将自行溃亡。我军分在东都城下的兵力又可以抽调到东线去，在兵力和在气势上都将彻底压倒窦建德。所以，我军一举歼灭两大枭雄是很有把握的，就看我们如何行动了！”李世民从容不迫地说，面对如此重大的军务，他说话的声调并不高昂，依旧是那么柔和、平稳。

“我已经拿定了主意！”李世民沉声向众人宣布，“就这样决定了！”

既然主帅已经作出最后决断，众将官便纷纷表示服从。然后大家开始讨论同时进行两线作战的一些具体细节。

大计已定，细节已圆。李世民又沉思默想了片刻。在沉默中，他的仪态肃穆而安详，充满了不可言说的威严。全场一片静谧，连掉颗米粒都可以听见。

李世民随即轻声下达了军令：唐军分为两部分，一部分由齐王李元吉为主，屈突通为副，继续围困东都。另一部分由李世民率领开赴东线战场。

为了抓紧时间，午饭后，李世民立即率精锐骑兵三千五百人向虎牢关驰去。其余步骑定于当晚开拔。这时候太阳正当头顶，骑兵们绕过北邙山，抵达河阳，直奔巩县而去。

王世充站在洛阳城墙上，望见了这支骑兵卷起的漫天飞尘，但不知它要做什么，也不敢轻率出击。

三月二十五日，李世民进抵虎牢关，得知窦建德的大军已经逼近虎牢关，当夜就研究敌情，制定作战计划。

第二天，李世民率领精骑五百从虎牢关出发，东行二十多里，前去侦察窦建德军营的动向。他决意通过实战来检测夏军的战斗力，便在半路上留下队伍，由李世、程咬金、秦叔宝分别率领着，埋伏在大道两旁；李世民自己仅仅带着三人继续向前挺进：三人中，一人是尉迟敬德，另两人是侍卫陆冲和沈大树。

四人驰到离窦建德军营约三里的位置，与窦建德的游动哨兵相遇。对方以为他们是唐军一般的士兵，只是简单地做了防备，也不特别在意。

李世民见敌军没有大动，便大声喊道："我是大唐秦王李世民！你们有胆量的便来，我与你们决斗！"

说完，他引弓射箭，正中一员敌将的咽喉。其余敌军慌忙逃回。窦建德军中大惊，急忙派出五六千骑兵前来追赶。

远远看去，敌骑黑压压的一片奔驰而来，身后拖起冲天的烟尘，大地都被马蹄踏得微微震动，侍卫陆冲和沈大树吓得脸都白了。

"你们先走一步，"李世民对两位侍卫说道，"我与敬德殿后。"

两位侍卫为难地看了看，知道李世民说一不二，便飞马驰去。

李世民和尉迟敬德放松缰绳，慢慢地向回走。追赶的敌骑渐渐要接近他们，李世民在马背上拉弓便射，将冲在最前的一人射杀。

追赶者恐惧地停下来，互相说了几句，勇气似乎又鼓起，再次冲上来，却又被李世民接连射杀两人。

敌骑再次停步，等到聚集起二十几人后，又硬着头皮冲上前来。

李世民立马不动，箭如连珠，一连射杀了五六人；但仍有十几人躲过了飞箭，冲到他们身边，却被敬德持长槊一槊一个，全部捅死。其余敌骑再也不敢轻易上前，只是停在那里，等着大队赶到。

李世民继续慢慢地向回走，当看到几千敌骑集中了一起奋勇追来时，他才和敬德放开缰绳，纵马飞驰。敌骑狂吼着，在后面紧追不舍，不久便被李世民引入了唐军的埋伏中。

李世民、程咬金、秦叔宝从左、右、后三路率军突然杀出，敌骑猝不及防，大败而逃，唐军将他们一路赶回军营。这一仗杀死敌骑三百多人，抓获敌骁将殷秋、石瓒。

唐军胜利回到虎牢关。从两位俘虏身上，李世民对窦建德的军情有了大致的掌握。更重要的是，通过这次交战，李世民已清楚夏军虽然兵力众多，战斗力与唐军相比却有着较大的差距。

听到失败的消息后，窦建德大怒，率主力全盘出动，进抵虎牢关前，却被唐军凭借坚城挡住去路，不得前进一步。时间一天天地过去了。

在东都，王世充获知秦王李世民已经转移到东线，便率军出城交战，唐军大败，行军总管卢君谔战死。王世充大喜，派出主力猛攻唐军壁垒，结果陷入了唐钧设下的埋伏之中，被斩杀了八百多人，大将乐仁寘以及甲士一千多人都被俘虏。

窦建德的十几万大军被阻在虎牢关下不得前进，就地驻扎了一个多月。在这期间，夏唐两军进行了几次小规模的交战，每次夏军都没打赢。李世民又派王君廓率领一千多轻骑偷袭夏军的粮道，大破护粮军，擒获了夏军大将。在这种情况下，窦建德下令众将做好战斗准备，准备早日对虎牢发动大规模攻击。

夏军的新动向被唐军侦知后，李世民向北渡过黄河，逼近广武，观察敌人形势。他故意留下战马一千多匹，在河洲放牧，以加强敌人以为唐军缺乏草料的印象；到了晚上，他率军偷偷回到虎牢关，一千多匹战马仍然留在那里。

五月三日，窦建德果然率领全部军队前来进攻虎牢城，从板渚逼近牛口布下阵势。这个军阵北抵黄河，西靠汜水，南到鹊山，连绵二十里。在震天的战鼓声响中，十几万夏军浩浩荡荡地向虎牢城扑来，李世民却只派小股部队应付，不肯派出大部队决战。

在辽阔的原野上，窦建德的士卒们从早晨到正午一直暴晒在夏日的骄阳下，个个又渴又饿，汗流浃背，身子像烈日下的禾苗一般，有些人干脆坐到了地上。当后方送水上来时，士卒们纷纷上前，争抢着饮水，军阵里有些小小的混乱。一些士卒更是在队列中走来走去，好像要把毒辣的日头走掉，口中吵嚷着，要求退回军营里。

李世民远远地望见了敌阵的混乱情形，判断出击的时机已到，便令宇文士及率三百骑兵从敌阵西端向南飞驰。他告诫道："敌阵如果不动，你就带兵回来；如果动了，你就带兵向东猛攻。”

宇文士及率三百骑兵飞驰而去，敌阵果然骚动起来。

李世民断定：敌人体力衰退，心志已乱，连战斗队形都已无法保持，可以出击了！

李世民走下城墙，向众将下令全线出击。他令秦叔宝率几十名精骑首先冲向敌阵。他和李世、尉迟敬德、程咬金等人率大队骑兵紧随而至。殷开山等人则率步兵军阵跟在骑兵之后冲杀。

在箭雨中，秦琼一马当先突入敌阵，在他身后，唐军骑兵一波接一波地冲了进去，唐军步兵继之而上，向东渡过汜水，对夏军大阵发起了冲杀。

在大唐骑兵的猛烈冲击下，夏国骑兵早已全部溃散，依靠骑兵保护的窦建德身上中了一槊，只身逃窜到牛口渚后被生擒。

窦建德的十几万士兵，被杀死在战场的仅仅只有三千多人，还有五万人做了俘虏，其余的全部跑散。李世民当天便下令将五万俘虏全部遣散，让他们自回家乡。

这是一场辉煌的胜利，也是李世民军事才华的表现，从此，在帝王的行列里，又多了李世民这位著名的军事家。

点评

在一场战斗中，取得胜利的关键在于主帅的运筹帷幄和深谋远虑。李世民以自己卓越的军事才能指挥了虎牢关大捷，为大唐王朝的建立奠定了基础。

战争猜想

第二次世界大战是否终结于原子弹之爆

二战结束之前，美国派出航空兵分别在日本的长崎、广岛各投下了一颗原子弹，造成了十五万人伤亡，日本政府对此十分的惊惧。几天后，日本政府终于决定投降。而一些人至今也据此认为，是原子弹结束了第二次世界大战。事实果真如此吗？

在日本法西斯投降的前夕，1945 年 8 月 13 日，毛泽东在《抗日战争胜利后的时局和我们的方针》的演讲中，精辟地指出日本法西斯投降的大势已定，但其决定因素却并非美国与蒋介石政府鼓吹的原子弹袭击。他指出："原子弹能不能解决战争？不能。原子弹不能使日本投降。只有原子弹而没有人民的斗争，原子弹是空的。假如原子弹能够解决战争，为什么还要请苏联出兵？为什么投了两颗原子弹日本还不投降，而苏联一出兵日本就投降了呢？我们有些同志也相信原子弹了不起，这是很错误的。这些同志看问题，还不如一个英国贵族。英国有个勋爵，叫蒙巴顿。他说，认为原子弹能解决战争是最大的错误。"

毛泽东的这一演讲发表两天后，即 8 月 15 日，日本天皇发表了投降书。历史已经证明，日本的投降并非单单取决于原子弹的最终作用。从使用效果看，原子弹杀伤威力比燃烧弹高不到哪里去。使用约 330 余架次的 B—29 型"超级空中堡垒"轰炸机扔下的燃烧弹即相当于一颗原子弹的毁伤效果，而美军 B—29 型飞机在 8 月每周出击的架次为这一数字的 4 倍。据统计，美军航空兵在第二次世界大战后期对日本的空袭，造成平民伤亡 220 万人，其中死亡 90 万人，远比广岛、长崎受害的 8.4 万人高出十余倍。日本动画家宫骐俊的《萤火虫》反映的正是日本遭受美国轰炸时的惨状。

事实上，日本军国主义者对平民如此严重的伤亡予以掩盖，普通民众并不知道原子弹毁伤的真实情况。最终促成日本于 8 月 15 日投降的因素，诚然包括原子弹在内，但这并非唯一的决定因素。

苏联军队于 8 月 9 日出兵中国东北，一举消灭日本关东军，令铃木内阁大感震惊："关东军会这样脆弱吗？那一切都完蛋了！"同日，毛泽东向一亿解放区军民发出"对日寇的最后一战"的号召，发起战略进攻，加速了日本法西斯的最终崩溃。

日本遭到原子弹袭击之前，美军在太平洋战场已经取得决定性胜利，进至马里亚纳群岛，攻占日本本土只是时间问题；在中国，在抗日军民的浴血奋战下，侵华日军已被压缩到一些孤立的据点、城市、交通线的狭小范围，解放区军民于 1944 年春即开始局部反攻，驻华日军进退维谷，已面临崩溃的命运。

面对残局，日本天皇和铃木内阁不得不从7月开始考虑投降问题，当时还妄图作有条件投降，直至8月10日，日本政府才正式通知美国，愿意在保留天皇制度的前提下，向同盟国投降。从拒不投降到有条件投降，再到无条件投降，显然不是两颗原子弹就决定的事，而是中国、美国、苏联等国国际反法西斯阵营长期奋战的结果，是人的决定作用而非武器。由此，足见毛泽东对原子弹袭击日本效果的正确性评价。

可见，并不是一颗原子弹结束了第二次世界大战。

点评

一两件新式武器的使用，并不能改变整个战役的胜负，真正起决定因素的，永远是人心的向背和军力的整体对比。日本的投降，第二次世界大战的结束，其实是中国军民长期奋战的结果，是苏联军队出兵东北的结果，是美国太平洋战争逼近日本本土的结果，又是中国、苏联、美国三国合力抗日的结果。这不是单单某一个国家可以办到的，更不仅仅是某一种新式武器的功效。

窥视二战“转折点”

二战结束后，由于受冷战政治与冷战文化的强烈冲击，西方国家对二战的评估，发生了严重的扭曲和偏差，但有两个国家彻头彻尾地走向了极端，一个是日本，另一个便是美国。日本发动的侵略战争给亚洲人民造成了深重的灾难，但日本政府一直都是死不认错、拒绝道歉并处心积虑地篡改历史。美国则走向了另一个极端，它极力渲染自己所扮演的角色并刻意贬低苏联对欧洲战场的贡献，似乎二战是美国一个国家打赢的。

然而，欧洲战场的真正转折点，乃是苏联军队击败了德军，使希特勒的军队惨遭无可弥补的大挫败。也就是说，如果不是顽强的苏联军队在欧洲东战场牵制和击溃德军，美英联军不可能在欧洲西战场打败德军，诺曼底登陆不会那样顺利，法国不会那样快就获得解放，纳粹也不会那么快败亡。在二战期间，没有一个国家像苏联那样遭到无法形容的损失和牺牲。据新近公布的可靠统计数字，苏联在二战期间约计有三千五百万平民死亡，一千四百万军人阵亡。德军死了三百五十万人，其中百分之八十八是死在了苏联战场，由此可见苏德之战的惨烈。希特勒犯了不少错误，最致命的错误乃是进攻苏联，他和拿破仑一样，都被严峻可怕的苏联的冬天所打败。

1941年6月22日凌晨3时15分，德国大部队开始进攻苏联，希特勒乐观地估计“八个礼拜内”拿下整个苏联，结果没料到苏联战场竟成为德军的大坟场。德军奉行大德意志民族优越主义，极端看不起俄罗斯人，他们认为俄罗斯人是劣等民族，是“次人类”，以残酷的手段对付俄罗斯人，动辄杀害。德军的野蛮态度反倒激起了俄罗斯人同仇敌忾、团结御侮的民族爱国之情。苏联战场有三大可歌可泣的战役，一是列宁格勒被德军包围九百天，三百万居民中饿死、冻死和病死的多达一百二十万人至二百万人；二是斯大林格勒变成瓦砾堆，苏联军队消灭了五十个师的德军；三是库尔斯克之役，一百五十万德苏部队激战，苏联军队摧毁了德国最自豪的坦克部队。盟军于1944年6月6日登陆法国诺曼底后，仍有二百多万德军在东线全力对付苏联军队，而在西南欧与盟军对阵的德军只有一百万。

欧洲战场的转折点，不是在诺曼底，也不是巴顿将军的第三兵团，而是在斯大林格勒战役和库尔斯克战役。

点评

如果没有苏联军队的英勇战绩，那么欧洲战场至少要多打数周，伤亡会更多。苏联军队的奋勇作战和苏联人民的坚强不屈，给予了纳粹致命的一击，有力地配合了整个战局。人们应该永远地记住斯大林格勒战役和库尔斯克战役。

多年以后的信息化战争

未来战争的形式将会是什么样的呢？数字化部队，数字化战场，非线性作战，全维作战，立体空间作战，信息战争，机器人战士，智能战争……有各种各样的论点和想象。冷静观察，这场军事革命的重心是信息战，实质是推动机械化战争向信息化战争的转变。信息战是一场没有硝烟的战争。军事专家们预言：未来的战争将是一场别开生面的信息化战争。

信息化战争，简称信息战，也叫指挥控制战、决策控制战，主要是由信息化军队在陆、海、空、天、信息、心理等六维战略空间进行的、以信息和知识为主要作战力量的、附带杀伤破坏减到最低限度的战争。单就军事意义讲，信息战是指战争双方都企图通过控制信息和情报的流动来把握战场主动权，在情报的支援下，综合运用军事欺骗、作战保密、心理战、电子战和对敌方信息系统的实体摧毁、阻断敌方的信息流，并制造虚假的信息，影响和削弱敌指挥控制能力。同时，确保自己的指挥控制系统免遭敌人类似的破坏。

信息化战争作为一种新兴的作战样式，具有不同以往的特点：一是信息技术在战场对抗中的大量使用。现代战场上由传感技术、通信技术和计算机技术构成的信息流通道对战场信息进行实时探测、采集、传输、甄别和汇总分析。信息把战场上各个系统、各个层次的力量以及各种武器装备有机地联结为一个整体，信息的准确获取、充分控制和有效使用已成为现代战争的中心环节。二是信息化战争使传统战争行动的层次界限产生模糊。信息化战争武器的精度和威力，为迅速达成战争目的提供了有效手段。在信息化战场上，一次小规模的战术行动，有时也能达成战略、战役目的，因而传统的战略、战役、战术层次的行动界限日益模糊。同时，信息技术的发展还使地理距离失去了传统的意义，只要是信息能够到达的地方，都有可能成为信息化战争的战场，战略纵深的目标和战区内的目标同样容易受到信息化战争的攻击。三是信息化战争打击的目标发生变化。在传统的战争中，消灭敌人的有生力量和武器装备是作战行动的首要打击目标。而信息化战争中，随着武器装备中信息含量的进一步增大，信息成为决定部队战斗力的重要因素。信息系统将整个战场联成一个整体，因此，敌方的信息系统及其指挥决策过程正逐渐成为信息化战争最主要的打击目标。

在信息战中使用的信息武器主要具有破坏信息系统和影响人的心理两个特点。

破坏信息系统，一种是指通过间谍和侦察手段窃取重要的机密信息。在海湾战争中，美国动用了各种侦察卫星 33 颗，发射航天飞机 3 架次，不间断地出动各种侦察机和预警机，以及各种战场传感器等技术设备，从全维空间对伊实施全方位、多角度立体侦察，保障了作战行动的实施。在美对塔利班的军事打击中，根据阿富汗境内山多洞多的特点，出动多架次“捕食者”型无人驾驶侦察机，机动灵活地开展情报侦察。实践证明，在信息化战争中，交战双方谁掌握了情报优势，谁的战场透明度就高，谁就将赢得主动，进而取得战争的胜利。

另一种是负面信息。输入负面信息有两条途径，即借助通信线路扩散计算机病毒，使它侵入到民用电话局、军用通信节点和指挥控制部门的计算机系统，并使其出现故障；也可以采用“逻辑炸弹”式的计算机病毒，通过预先把病毒植入信息控制中心的由程序组成的智能机构中，这些病毒依据给定的信号或在预先设定的时间里发作，来破坏计算机中的资源，使其无法工作，在一定程度上起到不战而屈人之兵的目的。有人预言，“未来战争可能是一场没有痛苦的、计算机操纵的电子游戏”。海湾战争一开始，美国首先对伊拉克的指挥控制系统实施干扰攻击，使其系统在整个海湾战争中完全处于瘫痪状态，伊军战前多方购买来的高技术武器装备在缺少了信息支援和引导下毫无用处，陷入极其被动的局面，并最终导致战争的失败。

信息武器最重要的威力还在于对人的心理影响和随之对其行为的控制。据称，在海湾战争中，美国国防部依据阿拉伯世界普遍信奉伊斯兰教的特点，特别拟定的空中展现真主受难的全息摄影，以便使目击者遵从“天上来的旨意”劝说自己的教友停止抵抗。据说另有一种666号病毒在荧光屏上反复产生特殊的色彩图案，使电脑操作人员昏昏欲睡，萌生一些莫名其妙的潜意识，从而引起心血管系统运行状态的急剧变化，直至造成大脑血管梗塞。

信息战是一场没有硝烟的战争，它的破坏力不亚于原子弹的威力。

点评

信息战的打击面将是综合的、立体的、全方位的，它可以在敌国民众中引起普遍的恐慌，从而达到不战而胜的效果。不要轻视信息战的作用，在这个信息化的时代，它的破坏力也许要比其他形式的战争更可怕。